ANACLETO IACOVELLI

Vida de San Francisco de Asís
(El Esposo de Dama Pobreza)

IX EDICION

CASA EDITRICE FRANCESCANA
FRATI MINORI CONVENTUALI
Italy - 06082 ASSISI

Nihil obstat: imprimatur
Assisi - Aprile 2000

P. Giulio Berrettoni
*Custode della Basilica
di S. Francesco*

PRINTED - UMBRIAGRAF - TERNI

Un Santo para el tercer milenio

La vida de Francisco de Asís podemos dividirla en dos partes casi iguales: 22 años (1182-1204) dedicados a la búsqueda de ideales humanos y 22 años (1204-1226) entregados a una creciente adhesión a Dios. El paso de una experiencia a otra lo marca un encuentro personal con Cristo, que primero se le aparece en una cueva, cerca de Asís, luego le habla en la iglesia de San Damián y, por último, le manifiesta su voluntad mediante la lectura del Evangelio y el encuentro con un leproso.

Desde entonces, el anhelo profundo de Francisco es el amor apasionado a Cristo y la voluntad de vivir el santo Evangelio en pobreza y minoridad. De ese modo madura en él una experiencia humana y espiritual completamente singular. Muchos empezaron a llamarlo santo aún en vida. Pero la suya fue una santidad abierta, llena de nuevas proyecciones, como semilla a la espera de dar fruto.

Después de su muerte, la popularidad de San Francisco fue aumentando a lo largo de los siglos y, desde Italia, se extendió a toda Europa, en capas sociales cada vez más numerosas. Los siglos XIX y XX han sido testigos de la irradiación de su figura a casi todos los paises del mundo, mediante un interés cada vez mayor por la espiritualidad y la cultura franciscana.

Hoy, hombres de todas las culturas, edades y confesiones religiosas hacen referencia continuamente a Francisco de Asís. Más *allá de toda frontera o nacionalidad, goza de una gran estima en multitud de países. Es el Santo que todos buscan, sin la menor dificultad. Los demócratas lo ven como su primer representante; los reformadores descubren en él un ejemplo a seguir; los ecologistas y pacifistas lo señalan como su patrón; los seguidores de la meditación "zen" extraen enseñanzas de él; los nuevos místicos intuyen en él a un guía para vivir experiencias místicas en nuestro tiempo. Los japoneses lo consideran el europeo más cercano a su espíritu; los esperantistas europeos lo eligen como protector; en India es el santo cristiano más conocido por los hindúes; los brasileños lo consideran uno de ellos. En lo religioso, a través de su figura, todos se sienten capaces de comprender la fe católica: musulmanes, y budistas, yainistas e hundúes, hebreos y ortodoxos, protestantes y anglicanos. Incluso la Iglesia católica no le ha escatimado títulos. Benedicto XV lo designó patrón de Acción Católica; Pío XII, patrón de los comerciantes y co-patrono de Italia; Juan Pablo II, patrón de los ecologistas.*

Pero San Francisco, aún ofreciéndose a todos, no se deja acaparar por ninguno. Las distintas interpretaciones de su personalidad, aún siendo variadas y de acuerdo con la verdad, no agotan toda la riqueza de su experiencia humana y cristiana. El secreto está en el hecho de que se integró profundamente en la sociedad y en la Iglesia de su tiempo, asumiendo, sin embargo, actitudes que iban más allá de la manera de ser y de pensar de la gente. Prefirió los hechos a las palabras, el anuncio a la denuncia, el ejemplo a la crítica. En lugar de extirpar el árbol seco, prefirió plantar uno nuevo. De ese modo construyó con solidez un mensaje que resulta válido también para nosotros, hombres y mujeres del dos mil.

Muchos, a veces, pensando en este hijo predilecto de Asís, querrían que naciera otro como él en nuestro tiempo. Tal vez sea porque San Francisco, habiendo encarnado en sí mismo lo que a cada uno de nosotros le gustaría ser, nos estimula, nos arrastra, nos contagia.

Cap. I

**Se narra cómo San Francisco
nace en un establo a imitación
de Nuestro Señor Jusucristo.**

Vivían una vez en Asís dos jóvenes esposos, de condición notablemente acomodada.

El se llamaba Pedro, o mejor Pedro Bernardone, por el nombre de su padre, difunto. Era un celoso mercader que sabía llenar sus almacenes de tejidos preciosos comerciando en Proven-

ASÍS: panorama

za y en Oriente, de donde volvía de cuando en cuando cargado con nuevas riquezas.

Ella se llamaba Pica, pero su verdadero nombre era Juana. Señora de acendrada virtud, poseía una riqueza interior, tan grande y perfecta que oscurecía el oro que ganaba el marido.

Debían ser naturalmente felices, y en realidad lo eran. Pero toda rosa, por muy hermosa que sea, siempre tiene alguna espina que pincha.

Su felicidad estaba oscurecida por una nube que pesaba sobre sus corazones, porque Dios no les había concedido todavía el fruto bendito de un hijo que cimentase el amor.

Doña Pica había ido, por este motivo, en peregrinación a la tumba de los Apóstoles en Roma, se había postrado en humilde súplica en el Santuario de San Miguel en lo alto del monte Gárgano, había suplicado incesantemente al Señor que le concediese la deseada maternidad, pero todo inútilmente. El cielo parecía sordo a sus peticiones.

Un día el señor Pedro estaba muy ajetreado con los preparativos para una nueva expedición. Quería volver a Tierra Santa donde esperaba poder hacer pingües negocios.

— Pedro, le dice su mujer — ¿ Qué te parece, si te acompaño en este viaje? Sería para mí una gran alegría el poder visitar los lugares que nos recuerdan nuestra Redención.

El marido permanece un rato pensativo. Pensaba en la suerte que correrían sus bienes y su casa durante la larga ausencia, y ya estaba dispuesto a darle una respuesta negativa. Por miedo de darle un gran disgusto cambió de parecer y le dijo:

— Mujer, si es que tienes ese capricho, puedes venir.

Emprendieron, con la mejor ilusión, el viaje, no sin antes haber dejado todos los asuntos arreglados y quien se cuidase de la casa en su ausencia.

Doña Pica no podía disimular la alegría que le embargaba. Después que llegaron a Palestina, Pedro se dedicó de lleno a sus negocios y la mujer inició la piadosa peregrinación.

La fe, profundamente vivida, más que las explicaciones de los hombres, le revelaban paso a paso los lugares consagrados por la presencia del Redentor, y ella se perdía en éxtasis dulcísimos. Oró ante el Santo Sepulcro; después se encaminó hacia Belén a visitar la Gruta de la Natividad.

¿ Quién podría resumir los innumerables pensamientos que pasaron por la mente de la señora ante aquel humilde lecho donde la Virgen dio a luz a Jesús? Arrodillada sobre la desnuda piedra, presentó a la Madre de Dios su pena secreta. Dejó que el corazón, más que las palabras, manifestase su gran deseo, y quizás sintió en aquel momento que su petición era escuchada.

★ ★ ★

Ya en Asís, de vuelta de su larga peregrinación, doña Pica tuvo la certeza de haber conseguido su deseo, pues sentía que en su seno palpitaba una nueva vida.

El invierno de 1181-1182 había llegado ya. En el silencio del hogar, no turbado ahora por las voces del marido en regateo con los clientes — Bernardone había emprendido otro viaje —, ella hacía los preparativos para el gran acontecimiento en el que llegaría a ser madre de una preciosa criatura.

Todo había sido preparado al detalle, pero la Providencia, en su insondable sabiduría, quiso que todo ocurriera diversamente.

Doña Pica ya no era una jovencita, y el parto, siendo el primero, se presentaba muy difícil. En la angustia del trance y ante el peligro inminente, la santa señora recurría, como siempre, a la oración. Se acordó de la gruta de Belén y de la humildad del lugar donde había nacido el Salvador e iluminada por una luz superior pensó seguir el ejemplo de la Virgen Santísima.

Ordenó a sus criadas que preparasen un lugar en el establo donde su marido encerraba los caballos, y que llevasen allí un buey y un asno. Cuando todo estuvo preparado, temblorosa y emocionada bajó al establo y, tendida sobre el heno, cuando llegó el momento dio a luz una hermosa criatura sin apenas sufrir dolor.

La noticia corrió como reguero de pólvora. Las amigas y vecinas se juntaron en corrillos para comentar lo acaecido. El que Pica hubiera querido dar a luz en el establo lo juzgaban como un capricho de mujer embarazada. Pero desde aquel momento prevaleció como nombre de la madre de San Francisco, el apodo impuesto por la jerga popular sobre el nombre de pila: en lugar de Juana comenzó a ser llamada "Pica", alusión a que sus caprichos no diferían mucho de los pájaros homónimos.

★ ★ ★

Las habladurías de amigas y vecinas no traspasaron, sin embargo, la puerta de Pedro Bernardone y menos aún pudieron menguar la alegría perfecta de Doña Pica. Su casa parecía un paraíso y el llanto del niño en lugar de entristecerlo, lo alegraba mucho más.

Pero esa alegria no le hizo olvidar sus deberes de madre cristiana. Hizo llevar a la criatura a la catedral de S. Rufino para que recibiese el agua bautismal y le fuese impuesto el nombre de JUAN. ¿ No tenía quizás su venida al mundo una bella analogía con la del Bautista? El deseo de ser madre de Isabel había sido también un poco como el de Doña Pica, y el nacimiento del niño el fruto de oraciones y buenas obras.

Mas he aquí que, pocos días después, un extraño peregrino llamó a la puerta de Doña Pica. Su aspecto físico era dulce y venerable. Deseaba ver al pequeño Juan y poderlo estrechar entre sus brazos. Pica, movida a compasión al ver su pobreza, le hizo primero recobrar las fuerzas con una buena ración de pollo y después lo llevó a ver al niño.

Tomándolo en brazos y llevándolo con gesto solemne, que hacía recordar al Santo Simeón, ante la sorpresa de todos el peregrino exclamó: «En el mismo día han nacido dos hombres en esta calle; el uno — e indicaba al niño que tenía en sus brazos — será uno de los más santos del mundo, pero el otro será uno de los peores».

Dicho lo cual, se alejó sin dejar rastro.

ASÍS: San Francisco "Piccolino" (Establo donde nació San Francisco)

Cap. II

Se cuenta cómo San Francisco pasó su juventud en Asís y se habla también de su cristiana educación.

Pedro se encontraba en Provenza cuando nació su hijo. Después que hubo solucionado sus asuntos, regresó con el corazón alegre porque todo le había ido bien. Pero una alegría mucho más grande le esperaba en Asís ya que su mujer, finalmente, le regalaba un heredero.

Pedro quedó extasiado al verlo, porque a sus muchos defectos, como la ambición, el lujo y el deseo de grandeza, se asociaba una vanidad sin límites. Hasta entonces, al menos bajo un aspecto se había creído inferior a los demás mortales y el hecho de no tener herederos le debía mortificar bastante. Pero eso se acabó. También él tenía ya un hermoso retoño sobre el que fundar tantos sueños y esperanzas; le educaría como a él le gustase hasta hacer de su hijo el asombro del mundo.

La primera cosa que hizo fue quitarle el nombre de JUAN impuesto por su madre. Pedro no quería que su hijo fuera un ermitaño, un asceta, o un santo lúgubre y demacrado como el que bautizaba en el Jordán, sino un gentilhombre, práctico en música y poesía y capaz de vestir las telas más suntuosas, como las que tenía en sus almacenes; e, incluso, un gran capitán ducho en el manejo de la espada y en guiar sus escuadrones a la victorias. Por eso quería que se llamase FRANCISCO, a fin de que también en el nombre se pareciera a los gentiles-hombres de Francia que, al valor caballeresco, sumaban el atractivo de la poesía y de la elegancia.

Bajo este influjo paterno se desarrolló la infancia y la juventud de Francisco. Aprendió en la escuela de San Jorge, su parroquia, el latín y la lengua vulgar, y del padre aprendió a penetrar el sentido de la lengua provenzal y a gustar las composiciones poéticas escritas en espléndidos pergaminos miniados.

Su alma, abierta naturalmente a la belleza, asimilaba poco

a poco el arte de la "gaya ciencia", cuyos primores evidenciaba en las manifestaciones juveniles de su ciudad.

Bien pronto se vio rodeado por otros jóvenes, fascinados por su personalidad que se unían a él con un afecto y una admiración sin límites.

Le proclamaron rey de las fiestas y de los banquetes, la flor y nata de la juventud de Asís y no había manifestación importante donde Francisco no brillase. Su bandola producía notas dulcísimas, su voz tenía acentos conmovedores y de sus vestidos destellaban reflejos preciosos. De su fama estaban llenas las calles de Asís, y a su paso por las calles se abrían las ventanas, dejándose traslucir entre claveles, los rostros curiosos de las jóvenes... Pedro Bernardone, conocedor del triunfo de su hijo, se sentía orgullosísimo.

Esta brillantez de la juventud de Francisco, si manifiesta algunas dotes de espíritu bullanguero, no debe inducirnos a minusvalorar su educación.

Junto al padre estaba la madre, que contaba muchísimo en el corazón del hijo e influía en él con mayor profundidad.

Mujer de vida santa — como dijimos anteriormente — cuidó de infundir en su alma principios sólidos de religión y de moral que le mantuvieran firme en medio de peligros, durante toda la vida. Fruto de esa santa preocupación fue que Francisco, aunque alegre y animador, se mantuviese siempre limpio de toda bajeza moral, aunque — como veremos — más adelante, en sus últimos días, pedía perdón recordando su juventud. Los espíritus con miras bajas y vulgares le producían náuseas y fastidio.

Doña Pica estaba tan segura de la buena conducta de su hijo que, cuando hallaba a sus amigas solía decirles:

¿ Qué creéis que llegará a ser Francisco? Yo no dudo nunca de que, a pesar de todo, será siempre fiel a Dios.

No está fuera de lugar un episodio de aquellos días, en prueba de lo dicho.

Pedro Bernardone no descuidó, entre otras cosas, el instruir a su hijo en los secretos de su propio oficio de mercader, para el que revelaba una aptitud precoz; hacíalo, bien por tratarse de un oficio muy lucrativo, bien para dar a Francisco el sentido de responsabilidad. Le dejaba por este motivo frecuentemente en la tienda solo, para que se acostumbrara en el difícil arte de saber vender, convenciendo a los compradores, e incluso, de cuando en cuando, le enviaba a Foligno para que cobrase las ventas realizadas en aquella plaza.

Un día que, como de costumbre, Francisco se encontraba en la tienda paterna, para atender a los clientes, se le presentó un pobre pidiéndole una limosna en nombre de Cristo.

ASÍS: Basílica Superior. GIOTTO: *San Francisco entrega su manto a un noble podre*

En aquel momento, el joven — preocupado por algún motivo o atareado en su ocupación — perdió la paciencia y mandó a paseo al pobre con palabras muy ásperas, pero inmediatamente reflexionó, pensando: «Si me hubiera pedido cualquier favor en el nombre de cualquier señor importante de la tierra, ciertamente no se lo hubiese negado. Sin embargo él me lo ha pedido en nombre de Cristo, ¿cómo he podido ser tan duro con él?».

Inmediatamente salió corriendo en busca del pobre y le entregó una pingüe limosna, haciendo el propósito de que en adelante no despacharía vacío a ninguno que se le presentase pidiendo en nombre de Dios.

Cap. III

Se cuenta cómo San Francisco fue hecho prisionero y cómo después se fue a la Pulla.

Era el año de gracia 1202. Francisco tenía 20 años cumplidos. El cielo de Asís estaba nublado y el odio anidaba en los corazones de muchos de sus habitantes.

Después de la muerte del emperador Enrique VI, el pueblo ardía en deseos de conseguir las libertades comunales que un puñado de vasallos y de señores, al amparo de las leyes del feudalismo, conculcaban o pisoteaban orgullosamente.

La juventud asisiense — tocada de esos aires de guerra —, después de haber expulsado a los prepotentes de la ciudad, trepó sobre las peñas del Subasio asaltando los castillos y devastándolos. Lograban vengar así, por fin, todas las amargas injurias, vejaciones y servidumbres que habían tenido que soportar.

Pero los feudales no se dieron por vencidos fácilmente. Huyeron a la vecina ciudad de Perusa clamando por su propia causa y derechos ante la enemiga declarada y vecina ciudad de Asís. Por ese motivo ambas ciudades empuñaron las armas.

Sus ejércitos se encontraron no lejos del Tíber, en el alto de Collestrada. Y la sangre corrió en abundancia. Después de un encarnizado combate, las tropas de Asís fueron vencidas, debiendo retirarse, humilladas, detrás de los muros de la ciudad.

Pero no todos los soldados volvieron a ver su hogar. Además de los muertos, que quedaron desparramados sobre el campo de batalla, un nutrido grupo de prisioneros, cargados de cadenas, subían por la pendiente opuesta, para llenar las cárceles de la altiva Perusa y, entre ellos se contaba el joven Francisco.

¡ Amarga experiencia la del prisionero que ha de seguir sintiendo en su propia carne la realidad de la derrota!

Los vencidos de Asís, tratados con ferocidad y humillados adrede, fueron presa de la mayor tristeza, aumentada por los rigores del invierno. Especialmente Francisco, de complexión más delicada, hubo de sufrir en su cuerpo más que los demás.

Y sin embargo, en medio de tanto infortunio, su espíritu se deshacía en un mar de caridad, que le granjeó la simpatía de los compañeros de desgracia. Incluso uno de ellos, reacio como nunca a cualquier muestra de educación y evitado por todos, cordialmente, se rindió ante la amabilidad de Francisco y volvió a sonreir y bendecir la vida.

Pero el espíritu del Santo se elevaba tanto más cuanto más se debilitaba su cuerpo. ¿ Qué voces misteriosas se dejaron oír en el silencio de su conciencia? Un día, volviéndose a sus compañeros, les dijo:

— Yo me gozo y salto de júbilo en el Señor, porque sé que llegará un día en el que todos se inclinarán ante mí.

Quien lo oyó comenzó a pensar que tal vez se había apoderado ya de su cerebro un asomo de locura.

★ ★ ★

Después de regresar a su casa, Francisco enfermó de gravedad. La madre pasaba horas angustiosas junto a la cabecera de su lecho, ojo avizor al desarrollo de la enfermedad.

Hasta que, debido un poco a los cuidados maternos y otro

poco a la juventud del paciente, volvió éste a recuperar la salud y en poco tiempo se recuperó del todo.

Durante la convalecencia, paseaba hasta las afueras de la ciudad, se sentaba en el suelo y miraba alrededor. La naturaleza no le decía ya nada, todo le resultaba extraño.

Volvió a participar en la vida alegre de sus viejos camaradas, pero en todas partes le asaltaban el tedio y el vacío. ¿Qué extraño cambio se había realizado en su espíritu? No es fácil adivinarlo. La enfermedad, alejándolo lentamente de las atracciones mundanas, lo había abierto al misterio de lo eterno, en cuya atmósfera se sentía aún sumergido.

La Providencia, que lo tenía destinado a ser padre de un inmenso organismo de fuerzas espirituales para renovar la Iglesia con la infusión de savia joven, obraba misteriosamente en su alma, conduciéndola por diversos caminos hacia el logro de Aquella meta.

Pero Francisco no se daba cuenta de ese magno proceso. Sólo se preocupaba de superar una crisis que no acertaba a explicarse, y de reconquistar el equilibrio anímico.

Durante sus años mejores — los anteriores a la desgraciada guerra — había leído las hazañas de los paladines de Carlomagno y las sorprendentes aventuras de los caballeros del rey Arturo. Su espíritu entonces, en el colmo del entusiasmo, había delirado, oyéndolas contar.

Un guerrero francés, que se dirigía a la Pulla, vino ahora a despertar aquellas fantasías: se llamaba Gualtiero de Brienne, y sus hazañas en defensa de la Iglesia y del Imperio maravillaban a todos.

El joven Francisco se sintió arrebatado, y decidió unirse a sus mesnadas al frente de un puñado de soldados de Asís, seguro de que se cubriría de gloria.

Corría el año 1205 cuando el pelotón de valientes, con la cruz en el pecho y alabardas en ristre, salió por la puerta oriental de la ciudad, caracoleando sobre nobles corceles bien ajaezados. Los rodeaban los vítores de éxito del pueblo y las lágrimas de sus parientes.

La primera parada la hicieron cerca de Espoleto, pero allí ocurrió algo que segó en flor la carrera militar de Francisco.

En medio de una noche tachonada de estrellas y mientras

sus compañeros dormían entre sueños de gloriosas conquistas, él oyó con toda claridad una voz

— Francisco, ¿ a quién es mejor seguir, al señor o a al criado?

¡ Mejor al señor!

¿ Por qué entontes tú te afanas en ir en pos del criado en vez de seguir al señor?

¿ Qué quieres que haga, Señor?

¡ Vuelve a Asís! Este no es tu camino.

¡ **No es este tu camino!** Las palabras misteriosas golpeaban aún en sus oídos. ¿ Qué era lo que de él se pretendía? Si la voz venía de Dios, ¿ por qué no se expresaba mejor? Como vidrio hecho trizas veía desmoronarse uno a uno todos sus sueños: su juventud se iba quedando vacía. ¿ Quién podría rellenarla?

A la mañana siguiente, deshecho y desalentado, se despidió de sus compañeros de armas y tomó en silencio el camino de vuelta.

ASÍS: Basílica Superior. GIOTTO: *Sueño de San Francisco*

Cap. IV

Se refiere cómo San Francisco, enamorado de Dama Pobreza, se encontró con ella por primera vez, y la reconoció aun bajo los andrajos de un leproso.

— ¡ Paso al caballero fracasado!

— ¡El hijo de Pedro Bernardone ya ha conquistado el mundo!

Esos u otros parecidos insultos debían de ser los gritos de la chiquillería de Asís cuando vieron entrar a Francisco en la ciudad. Burlas e insultos lo acompañarían hasta su misma casa, donde lo estaba esperando el padre con la mayor amargura. Sólo le restaba el consuelo de poder llorar entre los brazos de su querida madre, la única que no perdía la confianza en él.

Pasaron días y días en ese clima de tristeza, pero el tiempo, que toda herida cura, fue atenuando el dolor de Francisco. Para ocultar en la diversión la aridez de su espíritu, se mezcló nuevamente en las algazaras de los de su edad.

En una hermosa tarde de primavera hallábase sentado a una mesa espléndida.

El jolgorio de los comensales, alimentado por el correr del vino, crecía desmesuradamente saturando el ambiente de un aire irrespirable.

Francisco lo soportó con paciencia, hasta que su alegre peña, provista de laúdes y bandolas, salió a la calle, cantando bajo las ventanas florecidas.

Alguno se dio cuenta, de pronto, de que Francisco no les había seguido.

¿ Dónde podría haberse escondido? ¿ Quién podría entretenerlo en una noche de rosas?

Lo encontraron apoyado en la jamba de una puerta, con la mirada perdida en una visión lejana.

— ¿ En qué estás pensando, Francisco? ¿ Acaso ha herido tu corazón alguna dulce muchacha?

ASÍS: Basílica Inferior. GIOTTO: *Esponsales de San Francisco con Dama Pobreza*

Justamente, amigos. Y mi Dama es la más bella, la más noble que se puede imaginar.

No se equivocaba. Pues comenzaba a vislumbrar el rostro de una señora extraordinaria, que se convertiría en su fiel compañera de toda la vida: el rostro de Dama Pobreza.

Iba adquiriendo consistencia dentro de él, al paso que examinaba en profundidad su vida inútil y manirrota, los desastrosos efectos de la riqueza en la sociedad de su tiempo — no menos inquieta que la del nuestro y, sobre todo, la miseria de la gente a la que se asociaba de ordinario el desorden moral.

Desde aquel día soñó Francisco con hallarla y devolverle su nobleza viviendo el Evangelio.

Para preparar el espíritu a ese encuentro, tenía necesidad, antes que nada, de poner orden en su interior durante algún tiempo. Se sabe que la mariposa, antes de revolotear en el aire desplegando sus alas multicolores, pasa un tiempo en la oscuridad, bajo forma de crisálida, adquiriendo su figura admirable.

Algo similar sucedió con Francisco. Buscó en los alrededores de Asís — tal vez en la abrupta pendiente que se precipita de la Colina del Infierno sobre el Tescio — una gruta escondida para allí rezar y meditar.

Se le había unido un amigo que lo acompañaba a todas partes y era confidente de sus secretos. El amigo se detenía a la entrada de la gruta y Francisco penetraba en ella y entablaba comunicación con Dios. Desde fuera se oían sus gemidos y plegarias.

Fortalecido de ese modo su espíritu, fue al encuentro de Dama Pobreza. Habíala encontrado, por primera vez, en Roma, adonde se había dirigido todavía con atuendo mundano, de caballero opulento y admirado.

Postrándose ante la tumba del Príncipe de los Apóstoles, se despojó de todo dinero y lo arrojó, con gesto de rey, sobre el montón de las limosnas. Luego se acercó al grupo de mendigos que llenaban la entrada, y cambió con uno de ellos sus vestidos.

¡Allí estaba el hijo de Pedro Bernardone, la flor de la juventud de Asís, convertido en un harapiento! Sus carnes, hasta entonces habituadas a la caricia del terciopelo, sintieron el rudo roce de la lana, tosca y mortificante. Y, por amor a su Dama, superado todo rubor, tendía la mano a las limosnas que le daban.

ASÍS: Basílica Superir. GIOTTO: *Un hombre sencillo extiende su man* *cual alfombra, ante San Francisco*

Su cuerpo temblaba en cada uno de sus poros, pero el espíritu exultaba: si Cristo, por amor al hombre, había dejado la gloria celestial, cubriéndose con la debilidad de nuestra carne, era normal que su siervo lo imitase vistiendo la pobreza de sus hermanos.

★ ★ ★

El segundo encuentro ocurrió en Asís. Cabalgando un día por la llanura, oyó claramente el sonido de una campanilla, y poco después vio venir hacia él un leproso, de aspecto horrible. Sus carnes llagadas y calcificadas despedían un hedor insufrible.

Francisco estuvo a punto de salir huyendo por la amplia y soleada campiña, y perderse entre la fragante vegetación, pero luego surgió en su espíritu una idea que lo detuvo: Cristo había tocado con sus manos divinas aquellas pobres carnes podridas; en aquella ruina humana se encerraba un alma inmortal, regenerada por la gracia, y hecha digna del amor del Padre celeste.

Fue cosa de un instante. Bajó del caballo, se acercó al leproso, lo abrazó y le dio un beso lleno de amor. Cuando, en marcha otra vez, volvió la vista hacia el desgraciado, sólo vio la llanura solitaria, sin huella de vida humana.

Cristo, escondido en el leproso, había recibido el beso de su siervo, desapareciendo al momento.

★ ★ ★

«De esa manera me enseñó a mí, hermano Francisco, el Señor Dios a iniciar mi conversión. Hallándome en pecado, me parecía demasiado amargo el ver los leprosos. Pero, al separarme de ellos, lo mismo que inicialmente me parecía amargo, se convirtió en dulzura espiritual y corporal».

Así escribe san Francisco en su Testamento. Esas últimas palabras dan la medida exacta de la transformación obrada en su alma por el encuentro descrito.

A través de una dura batalla interior había conseguido dominar sus sentidos y pasiones, y reducirlos a la obediencia del espíritu.

Se había llegado así a los límites de la naturaleza: más allá no alcanza la experiencia normal: empieza la santidad, la exaltación mística, con la "dulzura del alma y del cuerpo", incomprensible a los espíritus comunes.

Francisco la alcanzó en aquel encuentro. En adelante podía sentirse «puro y dispuesto a ascender a las estrellas».

Cap. V

Se cuenta cómo Cristo crucificado habló a San Francisco y cómo el Santo renunció definitivamente al mundo.

La dulzura experimentada al besar al leproso llenó inesperadamente la juventud de Francisco, vaciada ya de todos los sueños e ilusiones del mundo.

Para mejor sentir su gusto, se retiraba a iglesias alejadas y abandonadas, adonde no pudiera llegar el trajín de la vida secular, y allí, en el silencio, se entregaba al éxtasis.

Entre todas esas iglesias prefería, con mucho, la de San Damián situada en las cercanías de la ciudad, en su borde oriental, entre olivos y cipreses.

Ya antes había entrado en ella alguna vez pero más bien de prisa y corriendo al ir o venir de Foligno.

Ahora iba allí de propósito, pasando mucho tiempo en oración.

Una mañana, mientras contemplaba con ojos extáticos el Crucifijo bizantino suspendido sobre el altar, notó que las facciones del Señor se animaban: se movieron sus labios y Francisco oyó repetir distintamente y por tres veces estas palabras:

— Francisco, ve y restaura mi casa que se arruina.

Cuando los miembros y los ojos del Salvador volvieron a su rigidez habitual y el estupor menguó en el espíritu del joven, éste miró en torno y vio que, realmente, aquella pobre iglesia estaba no poco ruinosa en todas sus partes y su techo cayéndose. No percibía otra cosa en las palabras, pues aún no podía imaginar la ardua misión que la Providencia le tenía preparada.

Se puso en pie al punto, subió a la ciudad y entró en su casa. Tal como había hecho en muchas otras ocasiones, cargó de telas un caballo y fue a venderlas a Foligno. Quizás no le pareció suficiente el dinero recabado, pues, sin pensárselo dos veces, vendió también la cabalgadura.

Llegado a San Damián, dejó todo el dinero a los pies del sacerdote para que lo empleara en restaurar la iglesia, pero aquél,

ASÍS: Basílica Superior. GIOTTO: *San Francisco ora en San Damián*

que conocía cómo se las traía Pedro Bernardone, se cuidó bien de no aceptar la generosa ofrenda. No quería molestias del rico mercader. Prefería su pobreza y tranquilidad.

El joven se sintió contrariado, pero después de un instante de duda, recogió todo el dinero y lo arrojó en el vano de una ventana. Luego suplicó al sacerdote que le permitiera estar con él y le dejara orar a voluntad en su pequeña iglesia.

Hasta ahí el buen sacerdote nada tenía que oponer y consintió que aquel extraño joven se quedase a su lado y se recogiese a rezar en silencio ante el altar.

Pero no tardó en presentarse Pedro Bernardone. Preocupado por el hijo que no había vuelto a casa después del viaje a Foligno y herido por sus rarezas, hechas ya de dominio público, se había dirigido a la iglesuela, bastón en mano, para obligar al pródigo a volver a la casa paterna de modo más bien duro.

Francisco no tuvo valor para hacer frente a sus iras y se ocultó en un escondite. Más afortunado, el sacerdote logró aplacarlo restituyéndole el dinero, que aún estaba tirado sobre el alfeizar de la ventana, y lo convenció a que volviera a la ciudad.

Francisco estuvo todo un mes en su escondite. Quería romper definitivamente con el mundo. La voz del Señor resonaba con insistencia en sus oídos: «Quien ama a su padre y a su madre más que a mí no es digno de mí».

Ni siquiera doña Pica logró moverlo de su plan. Un criado fiel, que le llevaba cada día algo de comida, era también el mensajero de los ruegos de la madre. Pero en vano.

Cierto día, sediento de humillación, subió a la ciudad, metiéndose por las calles más concurridas. El desorden de sus vestidos, el pelo desgreñado, y la barba crecida, lo convertían en una figura repulsiva y ridícula.

Sus paisanos lo reconocieron inmediatamente y, un poco por burla, un poco a causa de aquellas rarezas que no lograban explicarse, y también un poco para irritar a su padre, lo recibieron a insultos y pedradas. Aprovechando aquella diversión improvisada, los muchachos no pararon hasta derribarlo y cubrirlo de inmundicias.

Cuando Pedro Bernardone llegó, resuelto a poner fin a aquel atropello, su cara enrojecía presa de una ira impotente.

Cargó con Francisco al hombro, lo condujo a casa y lo encerró con llave en el hueco de debajo de una escalera, esperando que en aquella especie de cárcel curase de su extraña enfermedad, recuperara el sentido común y volviera de una vez a vivir como un hombre.

No obstante esa tragedia familiar, el señor Pedro no descuidaba sus negocios. Dejando a la madre el encargo de vigilar al prisionero, él salió de viaje como de costumbre.

Mas no podía pretenderse de una madre, y menos de una madre como la señora Pica, que hiciera de carcelera. Apenas partido su marido, abrió el tabuco y puso a Francisco en libertad. Comprendía confusamente que algo importante estaba madurando en él, y le parecía contraria a la voluntad de Dios una insistencia tan tozuda. Ella intuía en los acontecimientos las vías misteriosas del Señor.

No obstante eso, rogó a su hijo amorosamente que obedeciera a su padre e hiciera las paces con él volviendo a la vida de antes. Pero ese era un modo de hablar nacido más del sentimiento del deber que de la convicción, hecho para satisfacer de alguna manera a su marido. Viendo luego el nulo efecto sobre el hijo, no insistió más, y lo dejó obrar a su arbitrio.

No era esa la idea de Bernardone. Advirtiendo, a su regreso, que el pájaro había volado de la jaula, llenó de injurias a su esposa, y se precipitó, en un nuevo ataque de furor, hacia San Damián, donde sabía que se había refugiado Francisco una vez más.

En esta ocasión, sin embargo, el hijo, consciente de su derecho de poder servir a Dios, le hizo frente a cara descubierta:

— Padre, no me arredra tu furor. Atrévete a atarme, pegarme, encerrarme: haz contra mí lo que te venga en gana, que yo seré muy feliz sufriendo por Jesús cualquier castigo que me inflijas.

La voz de Francisco poseía un timbre nuevo y de sus ojos emanaba la seguridad de un capitán.

El señor Pedro, asustado ante tamaña temeridad, casi perdió la cabeza y corrió furioso a ver a los Cónsules. Había concebido el designio extremado de renegar de su hijo y desheredarlo, con la secreta esperanza de llegar a reducirlo a la obediencia mediante resolución tan drástica. En sus cálculos no cabía justificación alguna de semejante comportamiento. Solo la malicia y la más negra ingratitud podían haber inducido a su hijo a portarse de aquel modo. Mas Francisco no aceptó ser juzgado por los Cónsules: negaba competencia al foro civil para tratar su problema y apeló al tribunal de la Iglesia.

Regía la diócesis de Asís, a la sazón, Guido II, de quien nos ha transmitido la historia el retrato de un obispo fuerte y paternal.

Guido escuchó las quejas del señor Pedro y la defensa de su hijo, y vio al momento la solución con claridad:

— Usted, señor Pedro, no puede impedir a su hijo que siga el camino señalado por Dios; desista por tanto de su dura actitud. Y tú, Francisco, si de veras quieres seguir al Señor en camino de perfección, renuncia a toda posesión: así lo ha ordenado expresamente Él.

Viose entonces cómo el joven se despojaba de todos sus vestidos, quedando ceñido tan sólo con un cilicio. Luego los levantó del suelo y los arrojó a las manos de su aterrado progenitor.

— Escuchad — dijo — hasta este instante he llamado padre a Pedro Bernardone, pero, habiéndome propuesto servir únicamente a Dios, le devuelvo cuanto pudiera tocarme de herencia y estos vestidos que de él he recibido. De ahora en adelante podré decir con libertad: Padre nuestro que estás en los cielos.

Un sentimiento de viva conmoción se apoderó de los presentes, incluido el obispo, que extendió el manto cubriendo la desnudez del joven. Se había roto en aquel momento toda relación con el mundo y la carne. Francisco entraba, pobre, al servicio de Dios.

Ante ese desenlace, Pedro Bernardone quedó petrificado. No era eso lo que esperaba, no le interesaban el dinero ni los vestidos, sino el hijo, a quien amaba profundamente todavía, a pesar de todo. Había acudido al tribunal eclesiástico con la esperanza de reducirlo a obediencia con la autoridad del obispo, y por el contrario, todo se le había venido abajo.

¡Pobre señor Pedro! Era la primera vez que no acertaba en sus cálculos.

Con honda pena, que le laceraba el corazón, se retiró a su tienda.

ASÍS: Basílica Superior. GIOTTO: *San Francisco se despoja de la riqueza de su padre*

Debió morir pronto, ya que en los registros del Ayuntamiento aparece, en 1215, su segundo hijo Angel con el nombre de la madre — Angel de Pica — y no con el del padre.

Cap. VI

Se cuenta cómo San Francisco, yendo hacia Gubbio, se encontró con los ladrones y cómo llegó al monasterio de San Verecundo.

Primavera de 1207. La naturaleza se iba despertando lentamente y comenzaba a cubrir de un verde tierno los campos inmensos del valle de Espoleto, las orillas de los riachuelos y los bordes de los caminos. Entre las rocas del Subasio florecían las violetas y en los endrinos despuntaban las yemas, llenando el aire de aromas silvestres.

El sol ceñía con un halo de gloria la tierra renovada y maternal. En las cimas de los montes brillaban las últimas nieves como puro cristal.

Una mañana salió Francisco de su ciudad. El largo manto con que se cubría, marcado con una cruz al dorso, ocultaba las huellas del cilicio en su atormentado cuerpo.

En su interior rebosaba de alegría.

Las mariaposas, recién salidas de la crisálida, zigzagueaban en el aire, ebrias de sol y perfumes.

Tomó el camino del valle hasta el río Chiascio; remontando desde allí por la ribera, se dirigió hacia su nacimiento, que brota en las faldas del Monte Igino, «el alcor elegido por el bienaventurado Ubaldo», en Gubbio.

Pasada Valfabbrica, y continuando siempre en subida, llegó a Caprignone, lugar perdido entre bosques y gargantas, nido ideal para bandidos y maleantes. El Santo rompió a cantar en provenzal.

De pronto salieron del matorral tres individuos de mala catadura:

¿Qué clase de caminante eres tú que vas cantando?

— Yo soy el heraldo del Gran Rey — respondió Francisco imperturbable.

¡Verdaderamente pareces un heraldo con tan graciosa vestimenta! Y agarrándolo, lo arrojaron a un barranco lleno de

31

nieve. Francisco no se inmutó. Levantándose, continuó serenamente su camino.

Las nieves iban derritiéndose con el calor de la primavera, y el río aumentaba a ojos vista su caudal, creando pantanos y lagunas.

Por ese motivo, y por el hambre que le atenazaba el estómago y la esperanza de obtener algún vestido más eficaz contra el frío que el que llevaba, llamó a la portería del vecino monasterio de San Verecundo, hoy de Vallingegno.

Al verlo aparecer tan desaliñado y con semejante traje, no les inspiró mucha confianza, y tan sólo le permitieron trabajar en la cocina para que se ganara, al menos, un bocado de bazofia.

Fueron días muy tristes, porque nadie se le aproximaba, o le dirigía la palabra, o le alargaba un trozo de pan, pese a su hambre, y, lo que es peor, ninguno se preocupaba de su desnudez. Se lo impedía la sospecha de tener que habérselas con alguno de aquellos salteadores que infectaban la región.

No pudiendo soprotarlo más, un buen día el Santo, no sin sufrimiento, se fue a Gubbio.

★ ★ ★

No debe sorprendernos lo acaecido. Tiene su lado humano, y más si se encuadra en una época en que la violencia y la miseria moral y material eran seguramente más grandes que en la nuestra.

Sea ello lo que fuere, refiere el cronista que cuando, unos años después, la fama del Santo comenzó a difundirse primero en la Umbría y luego por toda Italia, el pobre abad de San Verecundo, recordando su mala hospitalidad para con él, no descansó hasta encontrarlo y pedirle perdón para sí y sus monjes.

Nada le costó al Santo del amor dar ese perdón, más aún: de aquel encuentro surgió una amistad tan firme entre los frailes de san Francisco y los monjes de San Verecundo, que continuó mucho después de la muerte del primero.

Lo demuestra claramente el hecho de que una vez celebró san Francisco un capítulo de trescientos frailes en aquel monasterio, y el abad, al frente de sus monjes, les proveía de todo lo necesario para una comida frugal pero abundante, conforme, por lo demás, con la pobreza querida de san Francisco.

En esa ocasión recibieron los frailes de la caridad de los monjes «pan de cebada, de centeno, de sorgo, de zahína, habas, legumbres y, para los más débiles, vino de manzanas disuelto en agua».

Y no fue eso sólo. Cerca de aquel lugar ocurrieron dos episodios que no está de más referir, por el sabor de "florecillas" que contienen.

Sucedió que una noche — lo cuenta también Tomás de Celano — una oveja parió un corderillo en el establo. Notado por una cerda muy feroz, se lanzó contra él y lo mató a mordiscos. Al verlo a la mañana siguiente, los dueños no dudaron a quién habría que atribuir la fechoría.

«Oyéndolo contar, el Padre sintió una compasión inmensa y, viniéndole a la memoria otro Cordero, lloró sin consuelo la muerte del corderillo, exclamando delante de todos:

¡ Pobre hermano corderito, animal inocente, que traes a la memoria de los hombres, de continuo, útiles recuerdos! ¡ Maldita sea la impía que te mató y nadie, hombre o bestia, coma de su carne! — ¡ Hecho admirable! Al momento enfermó de muerte el animal y, al tercer día, después de penar bien su fechoría entre tormentos, murió como merecía.

Arrojado su cadáver en el foso del monasterio, permaneció allí mucho tiempo secándose como un leño sin que osara tocarla ser hambriento alguno».

★ ★ ★

La amistad de san Francisco no se limitó a los monjes, sino que se extendió a la gente más humilde, los campesinos del lugar, que poco a poco se le aficionaron con alguna familiaridad.

Cuéntase que, hacia el fin de su vida, el Santo, lacerado en su cuerpo por la penitencia y adornado ya con los sagrados estigmas, pasaba por allí con un compañero, montado en un asno que las llagas de los pies habían hecho necesario.

Muy pronto los paisanos lo rodearon, apremiándolo a que se quedara con ellos, pues el sol se acercaba ya al ocaso:

— Hermano Francisco, quédate con nosotros y no pases adelante; el país está lleno de lobos feroces que devorarían el asno y os harían daño a ti y a tu compañero.

Con su sencillez de paloma les replicó el Santo:

— Yo no he hecho mal alguno al hermano lobo para que se atreva a devorar a nuestro hermano asno. Quedáos en paz, hijos queridos, y temed a Dios.

Y de ese modo san Francisco pasó de largo, sano y salvo.

Cap. VII

Cuéntase cómo Francisco llegó a Gubbio, curó a los leprosos y libró a la ciudad del peligro de un lobo muy feroz.

Bajando del monasterio de San Verecundo, el joven Francisco no tardó en llegar a Gubbio, que se recuesta sobre la falda de la colina en que se asienta el santuario de San Ubaldo, patrono de la ciudad.

Francisco se acordó de que en Gubbio tenía un amigo, un tal Federico Spadalunga, cuya casa estaba situada junto a la muralla, y precisamente de la parte de la que él venía, poco antes de iniciarse la verdadera subida hacia la ciudad.

La casa de los Spadalunga está hoy incorporada a la bella iglesia gótica que los eugubinos dedicaron al Santo por devoción popular y para pagarle de alguna manera el gran beneficio que les hizo librándoles de un ferocísimo lobo.

El amigo Federico quedó de una pieza al ver a Francisco en tan lamentable estado: lo había conocido como rico hijo del próspero mercader de Asís. Y, por ello, mientras lo agasajaba a la mesa, lo vestía, calzaba y ponía un cinturón de cuero, se hizo contar las peripecias que lo habían reducido a aquella situación.

¿Qué efecto produjo en el ánimo de Federico aquella historia? Lo ignoramos, pero podría deducirse que le impresionó profundamente, puesto que toda su familia permaneció tan afecta al recuerdo del Santo que su casa fue el solar elegido para construirle la iglesia.

★ ★ ★

Después de hospitalidad tan generosa, el Santo se despidió de su amigo, que lo siguió con mirada pensativa, y se dirigió de nuevo hacia la campiña, donde surgía, según había oído, una leprosería a la que se habían acogido algunos infelices.

35

Una tradición la localiza junto a la ruinosa iglesuela de San Lázaro: se reducía a un pequeño recinto, donde comían y dormían.

En ese lugar de dolor dispensó de nuevo Francisco su generosa caridad, entregándose plenamente a la asistencia de aquellos pobres abandonados, lavándoles, curándoles las úlceras amorosamente, dando la comida a quien no podía tomarla por sí mismo, o disponiéndoles para el encuentro con la hermana muerte en una atmósfera de amorosa resignación.

Gubbio entera vivía por entonces bajo la pesadilla de un lobo insaciable, que causaba estragos en hombres y animales en sus frecuentes merodeos por los campos de la ciudad, hasta el punto de que, para defenderse, los pobres habitantes se veían precisados a encerrarse detrás de la muralla.

Francisco sintió honda compasión.

Un día, contra el parecer de todo el pueblo, que no cesaba de disuadirle, salió de la ciudad y cuando vio al lobo venir lanzado y furioso contra él, lo paró con un gesto y le dijo:

¡ Hermano lobo! Te portas muy mal matando hombres y animales. Es verdad que lo haces por el hambre que te aguija, pero de ahora en adelante deberás cambiar de conducta. Entrarás conmigo en la ciudad y andarás por sus calles sin molestar a nadie. Sus habitantes proveerán a tu sustento. ¿ De acuerdo?

El lobo, manso como un cordero, tendió la zarpa a Francisco y aceptó el pacto que se le ofrecía, ante el asombro de los ciudadanos.

Entre ellos vivió mucho tiempo, sin hacer mal a nadie: le daban de comer y él jugaba en la calle con mujeres y niños.

Las generaciones sucesivas erigieron una iglesita en el sitio donde había ocurrido el portento para recordarlo, conservándose todavía, restaurada amorosamente por sus habitantes, se llama la iglesia de la "Vittorina".

PIENZA: Anónimo del 300. *San Francisco y el lobo de Gubbio*

Cap. VIII

Se cuenta cómo Francisco volvió a Asís y se puso a restaurar iglesias, cumpliendo la orden del Señor.

Francisco se sentía a sus anchas en Gubbio, en medio de tantas obras de caridad y penitencia. Pero en la soledad volvía a oir en su corazón la voz del Señor, que lo había invitado a reparar su casa; el pensamiento de que aún no había satisfecho aquel deseo divino le atormentaba interiormente y le quitaba la paz. Decidió, por ello, volverse y, desandando el largo camino, entró de nuevo en su ciudad natal.

Se alojó en las cercanías de su iglesia más querida y pensó inmediatamente en restaurarla.

Un día se fue a la plaza de Asís y se puso a cantar y accionar como un juglar; cuando advirtió que estaba rodeado de curiosos, les propuso, en el nombre del Señor, que lo ayudaran en la tarea reconstructora:

— El que me dé una piedra recibirá de Dios una recompensa, el que dos, recibirá dos y el que tres, tres.

Vivamente conmovida la multitud, comenzó a acarrear piedras, que Francisco cargaba sobre sus delicadas espaldas y transportaba, poco a poco, a San Damián. Aquí, cambiando de oficio, se puso a trabajar como albañil hasta concluir la obra.

Viéndolo en ese trabajo, Pedro Bernardone, que seguía obstinado en su incomprensión, lo maldecía continuamente, por lo que Francisco rogó a un pobre que no se alejara de él y lo bendijera cada vez que su padre lo maldecía. Su hermano Angel, con la ligereza propia de la juventud y la presunción del hijo perfecto, viéndolo tiritar de frío cierto día de invierno mientras rezaba en una iglesia, le dijo a un amigo:

— Acércate a mi hermano y dile que me venda un poco de sudor.

A lo que, sin ofenderse en absoluto, repuso el Santo:

— Se lo he vendido a nuestro Señor Jesucristo a mejor precio.

ASÍS. *Iglesia de San Damián*

Cuando acabó de restaurar San Damián, se puso a hacer lo propio con la pequeña iglesia de San Pedro de la Spina, sita en la llanura, por devoción al Príncipe de los Apóstoles, y luego la de la Porciúncula, dedicada a Nuestra Señora de los Angeles.

Su devoción a la Madre de Dios halló aquí su mejor expresión. Llevaba esa devoción en la sangre, inspirada, sin duda, por la madre desde niño, y la transmitirá más tarde a sus hijos como preciosa herencia que se debe conservar celosamente.

Se hacía eco, hablando de la Virgen Bendita, de todos los dones derramados por Dios, en su misericordia, sobre ella, por lo que al despedirse de este mundo no encontrará lugar mejor para cerrar los ojos que este místico refugio bajo la mirada maternal de María que le abrirá las puertas del cielo.

Y fue precisamente en aquella capillita donde oyó una vez, durante la misa, estas palabras del santo Evangelio: «No llevéis con vosotros ni oro, ni plata, ni dinero ninguno, ni alforja, ni dos vestidos, ni zapatos, ni bastón, porque el trabajador merece su sustento».

Francisco que no quería otra cosa que conformarse con la voluntad de Dios enteramente arrojó de sí sandalias, alforja y bastón y cambió por una cuerda el cinto de cuero de su amigo de Gubbio. Fiado de la divina Providencia, se sintió libre como alondra que se remonta al cielo cantando sin otra preocupación.

Familiarizado ya más íntimamente con Dama Pobreza, renunció a la pobre comida que le ofrecía el sacerdote de San Damián y prefirió ir a pedir limosna.

En Asís llamó a muchas puertas. Todos le daban algo, y él lo juntaba en el mismo recipiente. Ante una puerta, al otro lado de la cual estaban banqueteando alegremente sus camaradas de un tiempo, sintió Francisco por última vez la rebelión de la naturaleza que lo impelía a alejarse. Dudó un instante. Llamó, le abrieron y se encontró ante caras conocidas que lo miraban escrutadoramente. Tendió la mano a todos; para todos tuvo una palabra de bondad animándolos al bien, y después se apartó a un lugar solitario a tomarse su comida.

Se trataba de un plato nauseabundo. Francisco pensó en Cristo crucificado y comió con espíritu sereno.

Cap. IX

Donde se cuenta cómo san Francisco recibió a Bernardo de Quintavalle en su seguimiento, y a otros más después, hasta el número de doce.

La opinión pública de Asís respecto de Francisco fue corrigiéndose paulatinamente. Lo que en un principio se juzgaba pura locura se convirtió, para las almas mejores, en abierta admiración, viendo de aquella constancia heróica superior a toda previsión y aquella caridad tan ardiente que hacía llorar.

Entre los hombres más representativos de Asís había uno llamado Bernardo de Quintavalle, mercader timorato y acaudalado, que sentía en su alma la llamada a una vida más perfecta, más conforme al Evangelio y desasida de los cuidados terrenos.

El hijo de Pedro Bernardone, que tanto daba que hablar con su pobreza voluntaria y la gracia del saludo, atrajo pronto la atención de Bernardo, que se puso a observarlo con interés.

Parecíale una figura salida de la leyenda dorada, con sus contornos cincelados por un artista nuevo.

Para conocerlo más de cerca lo invitaba de vez en cuando a su casa y una noche lo invitó a cenar y le ofreció la hospitalidad de su lecho. Después de haber comido y hablado largamente de Dios, se retiraron juntos a la misma habitación a reposar.

Ambos fingieron dormir profundamente, pero Francisco, más ingenuo, creyendo que el otro dormía de verdad, salió de la cama y, de rodillas sobre el pavimento, comenzó a rezar. El éxtasis se apoderó de él muy pronto, transfigurándolo.

De los labios no salían sino estas palabras: "Mi Dios y mi todo", pero hallaba en su propia bajeza y en la inmensidad de Dios tanta materia de meditación, que de su corazón brotaban los suspiros más ardientes y las más dulces lágrimas. A ello añadía algunas invocaciones a la Virgen, que producían enorme dulzura a su espíritu.

Viéndolo y oyéndolo todo desde la penumbra, Bernardo fue presa de viva conmoción.

ASÍS: Basílica Superior. GIOTTO: *Visión de los compañeros de Sa Francisco en Rivotorto*

A la mañana siguiente se echó a sus pies preguntándole:

— Padre mío, si alguien, después de haber poseído durante muchos años los bienes de su señor, no quisiera retenerlos por más tiempo, ¿qué debería hacer?

— Hermano, debería devolvérselos a su dueño.

— Pues bien, padre mío, sé que de Dios he recibido cuanto tengo: dispuesto estoy a restituírselo. Indícame el modo de hacerlo. —

Francisco quedó agradablemente sorprendido, pero tampoco él sabía cómo proceder.

En su incertidumbre decidieron consultar al Señor y se dirigieron a la iglesia de San Nicolás, junto a la plaza del Ayuntamiento.

Después de oída la misa con gran devoción, Francisco abrió por tres veces el misal y obtuvo otras tantas respuestas:

«Si quieres ser perfecto, vende cuanto posees y dalo a los pobres; de ese modo tendrás un tesoro en el cielo».

«No lleveis nada para el camino, ni bastón, ni alforja, ni calzado, ni dinero».

«El que quiera venir en pos de mí, renuncie a sí mismo, tome su cruz y me siga».

El lenguaje del Señor era bien explícito y no había sino que obedecer. Bernardo no sintió el menor contratiempo. Vuelto a su casa con Francisco, vendió todos sus bienes y, reunidos los pobres de la ciudad, comenzó a repartir dinero.

Un sacerdote, llamado Silvestre, pensó aprovecharse. Se presentó a Francisco y le dijo:

— No me has pagado la deuda de cuando te vendí las piedras para restaurar San Damián. Ahora que puedes, estás obligado a cancelarla.

Francisco lo miró con lástima. Luego, hundiendo una mano en el dinero de Bernardo, la sacó llena y abriéndola ante Silvestre repuso:

Tómalo, es tuyo.

Pero aquel dinero era como fuego. Quemaba en las manos del sacerdote y le quitó la tranquilidad de la conciencia.

Durante varias noches vio salir de la boca de Francisco una cruz y extenderse sus brazos hasta los confines del mundo. Silvestre se sobresaltó y posteriormente, no pudiendo resistir más a la acción de la gracia que empujaba con fuerza sobre su alma, se uniría al grupo de Francisco, siendo el primer sacerdote de la familia franciscana.

Después de Bernardo de Quintavalle se asoció a Francisco otro asisiense. Se llamaba Pedro Cattani y era un ilustre jurista, graduado en la universidad de Bolonia.

Conocedor de los peligros forenses, prefirió renunciar a los pingües ingresos de su arte y a la vanidad de su rango, aceptando «una lógica que no teme la conclusión de la muerte».

Los tres volvieron juntos la espalda a su ciudad, y se dieron a vagar por la campiña hasta que se aposentaron "en el más humilde tugurio", abandonado de los hombres, sito entre el verdor de la arboleda y el fluir sonoro de un arroyuelo tortuoso.

A causa de esa peculiaridad de su cauce, el paraje se llamaba Rivotorto, y era bien conocido de Francisco, que lo había descubierto en sus andanzas solitarias.

El pobre refugio constaba de dos pequeños huecos, separados por un espacio de la misma extensión; en su centro plantaron una cruz, a cuyos pies lloraban la Pasión del Salvador.

Para saciar su hambre bastaban las hierbas del contorno y para apagar la sed, el agua del arroyo.

Su recogimiento fue turbado un día por un joven campesino, de brazos nerbudos y tez bronceada por el sol y la fatiga. Se llamaba Gil y había dado muchas vueltas para localizar a Francisco.

Había descendido en picado desde la iglesia de San Jorge a la llanura, parándose un momento en una encrucijada del camino, sin saber qué dirección seguir. Pero luego, inspirado por Dios, se dirigió hacia el hospital de los leprosos, llegando feliz a Rivotorto.

Francisco lo acogió como un padre. Le hizo vestir el hábito de penitencia y le ciñó el cordón.

Ahora eran ya cuatro: un poeta, un mercader, un jurista y un campesino. Junto a quien gustaba de lanzarse al viento y volar estaba el que prefería caminar con los pies en el suelo, y al lado del hombre hábil en sofisterías, se sentaba el ignorante, experto sólo en conocer el alternarse de las estaciones.

Nadie habría sido capaz de fundirlos. Sólo el amor de Cristo los unió en una misma pasión y el tosco sayal que llevaban encima era el símbolo de la igualdad realizada.

Bajaron después otros cuatro asisienses y llamaron a la puerta de la humilde morada. Venían todos movidos por el mismo deseo de servir al Señor en pobreza y humildad de corazón. Llamábanse Sabatino, Morico, Felipe Longo y el sacerdote Silvestre.

También a éstos los acogió Francisco con alegría. Duplicada su pobre familia por Dios, dedicó a los recién venidos los mismos cuidados que había dispensado a los otros, a fin de formarlos sólidamente en la virtud.

De aquel oasis de paz partieron un día para iniciar su primera misión: iban de dos en dos hacia los cuatro puntos cardinales, como si quisieran trazar una magna cruz sobre la tierra.

La experiencia resultó dura, casi un fracaso. Al verlos la gente los tenía por vagabundos y analfabetos, prefiriendo reir de su simplicidad a escucharlos.

Pero esa es la lógica del Evangelio. Es preciso sembrar muchas veces en el desierto para ver brotar más tarde el trigo en los campos.

RIVOTORTO. Tugurio. Primera morada de San Francisco y de sus primeros compañeros

A su regreso a Rivotorto les alegró comprobar que su pequeña familia iba aumentando sensiblemente. Otros hombres de Asís se les habían unido: Juan de San Costanzo, Bárbaro y Bernardo Vigilante. El último en llegar fue un caballero a quien Francisco había conocido en Rieti.

Cuando éste lo encontró, le dijo alegremente:

— Durante mucho tiempo has ceñido cinturón, espada y espuelas. Ha llegado la hora de que cambies el cinturón por la cuerda, la espada por la cruz de Cristo, las espuelas por el polvo y fango del camino. Sígueme, y te haré caballero del ejército del Señor.

Angel Tancredi, vencido por tan gran fervor, lo dejó todo y se ciñó, también él, el cordón.

Eran doce, como los Apóstoles, pero pequeños como granos de mostaza. Y, sin embargo, Dios que en su extraño modo de obrar, elige siempre a los humildes para confundir la sabiduría del mundo, los miraba con ojo complacido. Era la buena semilla, la pizca de levadura que haría dar nuevo fruto a la tierra esterilizada por el odio y la avaricia.

Iglesia de Rivotorto

Cap. X

Se refiere cómo san Francisco formó en la piedad a sus compañeros y cómo obtuvo luego de Inocencio III la aprobación de la Regla.

En el tugurio de Rivotorto permaneció Francisco unos dos años. Como la madre vela amorosamente a su criatura en la cuna y se preocupa de que su desarrollo físico se realice del mejor modo, así Francisco se preocupaba, sobre todo, del crecimiento espiritual de sus primeros compañeros.

Eran gente buena de verdad. Pero, separada del mundo, ignoraba todavía el fervor de la ascesis cristiana y el éxtasis de la contemplación.

Antes que nada les enseñó a orar. Sus normas no eran complicadas, porque se inspiraban en la simplicidad del Evangelio:

— Cuando oréis, decid el "pater noster", o de esta manera: «Te adoramos, oh Cristo, y te bendecimos aquí y en cuantas iglesias hay en el mundo, porque nos has rescatado con tu cruz».

En vez de libros debían leer a Jesús crucificado, porque con la meditación asidua de la Pasión se llega a la fuente pura e inagotable de toda devoción.

Y les recomendaba también que aprendieran a hallar en todas las creaturas motivo para bendecir y alabar a Dios, que se manifiesta claramente en cada una de ellas.

Luego les inició en la práctica de la mortificación interior y exterior. Contra la carne rebelde al espíritu conviene usar el arma del ayuno y, para atenuar la virulencia del amor propio, la abnegación de la propia voluntad.

El fervor de neófitos — que ya de suyo espoleaba a sus compañeros — halló en la palabra del Santo un acicate eficaz, hasta el punto de que la oración se convirtió poco menos que en una necesidad instintiva y la penitencia en hambre no saciada.

Pero Francisco no quería excesos y el fervor no debía sobrepasar los límites de la naturaleza.

Cierta noche, un compañero, vencido por la abstinencia, rompió a gritar: "¡ Me muero de hambre!". Asustado Francisco, dejó al momento la oración y se puso a preparar la cena. Después, para que no se avergonzase el compañero de tomar alimento mientras los demás ayunaban, comenzó él mismo a comer.

En otra ocasión, con proceder siempre maternal, llevó a una viña próxima a uno de ellos, que había caído enfermo, para que su salud se aliviara con la dulce pulpa de la uva.

En esa atmósfera de santidad heroica Dios mostró su presencia y complacencia con un prodigio luminoso. Un día había ido el Santo a la catedral de Asís y mientras esperaba orando el momento de poder hablar al pueblo, fue arrebatado por Dios en éxtasis. Al mismo tiempo lo vieron sus compañeros — recogidos en Rivotorto — dar tres vueltas sobre un carro de fuego en torno a la cabaña, proyectar en torno una luz sobrenatural y después desaparecer.

Sus corazones, henchidos de gozo santo, bendijeron al Señor que de ese modo glorificaba a su siervo Francisco.

El mundo los ignoraba y ellos ignoraban el mundo, felices en su retiro.

En septiembre de 1209 Otón de Brunswick atravesaba el valle de Espoleto camino de Roma, donde iba a recibir la corona imperial. El pueblo se agolpaba a lo largo de su recorrido para gozar del espectáculo del suntuoso cortejo.

Francisco no se movió de su retiro ni permitió moverse a ninguno de sus hermanos. El huero clamor del siglo no debía perturbar su paz. Sólo consintió en que uno de ellos fuese al encuentro del príncipe para advertirle de la caducidad de la gloria de este mundo y de la brevedad de la vida.

¿ Daría oídos Otón a las palabras de aquel frailecillo anónimo? Los grandes tienen, por lo común, una sensibilidad especial para las adulaciones y raramente prestan atención al sonido austero de la verdad.

La leyenda cuenta que Otón no recibió mal aquel insólito mensaje, encomendándose a las oraciones de Francisco.

★ ★ ★

¡Rivotorto, cuna del franciscanismo! La criatura apenas nacida vigorizó allí los huesos y pronto se hizo adulta en el espíritu.

Como el águila traza en el aire la estela luminosa sobre la que prueban los aguiluchos la resistencia de sus alas, Francisco trazó a sus hermanos una forma de vida a la que debían atenerse estrictamente.

Tomó en sus manos el Evangelio, extrajo su médula destacando del contexto algunos versículos y los dispuso de modo que constituyeran una Regla.

Una vez confeccionada así, reunió a sus compañeros y, dejando la cabaña, se pusieron en camino hacia Roma para obtener del Papa su aprobación.

Ocupaba a la sazón la cátedra de san Pedro Inocencio III, de la familia de los condes de Segni, hombre de vasta cultura y fecunda actividad apostólica, que había devuelto a la Iglesia prestigio político y santidad de vida.

Merced a los buenos servicios de Guido II, obispo de Asís, y del cardenal Juan de San Pablo, obispo de Sabina, Francisco fue presentado al Pontífice vestido tal como se hallaba, o sea, con una tosca túnica ceñida con una cuerda.

Quizás ese humilde atuendo — tan semejante al de algunas sectas heréticas — impidió a Inocencio III reconocer en él al hombre de Dios.

Pero la Providencia, que velaba sobre los pasos del Santo y lo disponía todo a buen fin, no tardó en iluminar la mente del Papa.

A la noche siguiente vio Inocencio III en sueños una palmera lozana que crecía a sus pies, y oyó una voz de lo alto que identificaba la planta con el pobre penitente del día anterior.

El Pontífice, conmovido, quiso verlo y escucharlo de nuevo, y Francisco le leyó ahora humildemente la Regla y manifestó su deseo de que fuera aprobada canónicamente.

El Papa se asustó. ¿ Cómo aprobar una forma de vida tan austera y una pobreza tan absoluta?

— Retírate, hijo mío, y ruega a Dios que nos muestre su voluntad, de modo que podamos cumplir plenamente tu deseo, si corresponde al beneplácito divino.

Y Dios no tardó en expresarse más claramente.

Algunos días después — quizás en consonancia con las oraciones del Santo y de sus hermanos — el Papa vio en visión la basílica de Letrán tambalearse pavorosamente, las columnas rodar hechas pedazos, y los arcos venirse abajo. Pero he aquí que, de improviso, aparecía la figura del pobre fraile de Asís, cobraba poco a poco proporciones gigantescas, y sostenía con sus espaldas el edificio amenazado de ruina. Como por encanto, las paredes se recomponían y el templo recobraba estabilidad.

No le fue difícil a Inocencio III penetrar en el velo del símbolo y captar el significado real de la visión: Dios quería servirse de aquel hombre para restaurar su Iglesia, amenazada por los herejes y la mala conducta de los cristianos.

Ya no abrigaba el Papa duda alguna de la santidad de Francisco y veía claro en los designios de Dios. Pero ¿ no sería excesiva su pobreza? ¿ No era acaso tentar a Dios, pretendiendo su intervención directa para sustentar a cualquiera después de haber renunciado a cuanto su Providencia nos ofrece maternalmente? ¿ No convendría mitigar tanto rigor?

Llamó a Francisco por segunda vez y le expuso sus temores, compartidos también por algunos cardenales.

Francisco entonces, con acento inspirado y caballeresco, comenzó a tejer las alabanzas de Dama Pobreza, simbolizándola en una bellísima dama que había conquistado el corazón del Rey del Cielo, cuya nobleza se reflejaba en el rostro de su prole.

¿ Cómo pensar que Padre tan poderoso no se fuera a preocupar de los hijos de su amor?

El papa se sintió conmovido. Todos sus temores habían sido vencidos.

— Vete con el Señor — le dijo — y tú y tus compañeros predicad la penitencia como El os inspire. Cuando hayáis crecido en número, me lo notificáis, y Nos os concederemos otras cosas y os confiaremos más responsabilidades.

ASÍS: Basílica Superior. GIOTTO: *Inocencio III aprueba la Regla de S Francisco*

El corazón de Francisco estaba radiante: Cristo había hablado por boca de Inocencio.

Fuera, el primer sol de verano inundaba de luz la plaza de Letrán.

ASÍS: Basílica Superior. GIOTTO: *Sueño de Inocencio III*

Cap. XI

Se cuenta cómo san Francisco, vuelto a Rivotorto, fue echado de allí, y se sigue hablando del progreso de la Orden.

En la hermosa estación, cuando surge la aurora y palpitan las hojas con la primera brisa, los pájaros se elevan en bandadas y cantan el himno del amanecer.

Con una alegría semejante se levantaron en aquella mañana de junio de 1209 los penitentes de Asís y emprendieron cantando el camino del regreso.

Quien los hubiera visto con los vestidos tan toscos y gastados, con la barba hirsuta, y el canto en los labios, los habría juzgado un puñado de locos alegres.

Era, sin embargo, la gente más seria del mundo. Se habían desembarazado de todo, mandando a paseo cualquiera preocupación terrena, para atender únicamente al servicio de Dios.

Los pájaros son felices justamente por eso: no siembran ni cosechan, pero cantan y vuelan como Dios les ha prescrito. Y si el Señor se cuida de ellos ¿por qué no deberá cuidarse de quien hace lo mismo? Su alegría, por tanto, estaba bien fundada.

Después de una parada más bien larga en los alrededores de Orte — donde la belleza salvaje del lugar y el encanto de las aguas del Tíber, fundidas con las del Nera, parecían querer persuadirlos a quedarse para siempre — reemprendieron la marcha y, pasada la primera cadena del Apenino, entraron en el valle de Espoleto.

La vieja y solitaria morada de Rivotorto les esperaba todavía: la humilde cabaña que había visto formarse a la pobre familia, se convirtió, incluso jurídicamente después de la aprobación de la Regla, en el primer convento de la Orden Franciscana.

En Rivotorto reasumieron el tenor de vida en suspenso desde su viaje a Roma: alternaban las prácticas de piedad con las obras de caridad.

Francisco los enviaba con frecuencia, de dos en dos, a realizar misiones apostólicas en los contornos, a servir a los leprosos en el vecino hospital y a ganarse el pobre sustento ayudando a los campesinos en sus faenas.

Se oponía absolutamente a que estuvieran ociosos.

Para que el siervo de Dios pueda tender la mano a la limosna sin remordimientos de conciencia, y con alegría, ha de ganársela trabajando de alguna manera.

Todo trabajo es bueno, con tal de que no ofenda a Dios ni extinga el espíritu de la devoción y oración.

No quería "fray moscas" que, en movimiento perpetuo, llevan a todas partes su sequedad espiritual, sin hacer jamás cosa de provecho y fastidiando a todos.

Contra los tales, si los hubiera, se debía emplear el bastón y el encierro forzoso. y, si no daban muestras de querer corregirse, había que expulsarlos de la Orden.

La historia nos ha dejado un documento importantísimo, que expresa con toda claridad, cuán grande era el influjo del nuevo movimiento religioso en las vicisitudes internas de Asís, en torno a aquel período de la vida de san Francisco.

Se trata de un pacto estipulado en noviembre de 1210 entre el pueblo y los señores feudales, o más exactamente, entre los "Menores" y los "Mayores" de la ciudad.

Si se piensa en la guerra del 1202, originada precisamente por su antagonismo irreductible; en la soberbia de los grandes que conculcaban los derechos de los humildes, obligados a vivir al margen de la sociedad por medios inadecuados, o encadenándose al trabajo de la tierra como esclavos sin rostro ni alma; si se piensa en las vejaciones de esa clase atribulada, en la que el anhelo de la libertad iba despertándose poco a poco por impulsos de una nueva y autónoma constitución democrática del Común, el pacto de noviembre de 1210, nos parecerá de verdad un milagro de pacificación, no explicable sino por el influjo del franciscanismo naciente.

El amor de Cristo que, haciendo fraternizar a las almas, había nivelado bajo el hábito de la penitencia a clases muy diversas, la palabra de los humildes frailecillos que predicaban la paz por todas partes y el ejemplo del desprecio de los bienes terrenos, que embrutecen las almas, habían producido los frutos del amor e indicado el punto de encuentro a posiciones antagónicas.

«La paz sea en vuestras almas y en vuestras casas — había dicho Francisco — porque grande es la misericordia del Señor. El nos concederá poner término a la guerra que dilacera a sus criaturas. En el corazón de cada uno está el remedio: raed de él la avaricia y el orgullo, y seréis libres». Y la libertad brilló sobre Asís en aquel gris mes de noviembre mediante este reflorecimiento de vida religiosa.

★ ★ ★

Nuevos aspirantes iban engrosando, mientras tanto, las filas de la Orden. En adelante no podrían contarse. Serían una oleada continuada a lo largo de los siglos.

Entre los hombres de la llamada segunda generación franciscana, hubo algunos que imprimieron a la Orden una impronta muy personal.

He aquí unos cuantos: **Maseo de Marginano,** de palabra elocuente, noble aspecto y enamorado de la oración; **León,** ovejuela de Dios y confesor de san Francisco; **Elías,** genio poliédrico y mente organizadora; **Rufino,** noble primo de santa Clara y espíritu contemplativo, **Junípero, Tomás de Celano,** inteligencia superior y, posteriormente, primer biógrafo del Santo; **Guillermo Divini,** rebautizado por san Francisco con el nombre de **Fray Pacífico** — gran poeta en la corte de Federico y universalmente proclamado "rey de los versos" —; **Juan Parenti,** primer Ministro General de la Orden; y muchos otros, a los que sería prolijo enumerar.

La cabaña de Rivotorto se había ido quedando tan estrecha que a duras penas cabían dentro los frailes apiñados en sus dos celdillas.

Para evitar desórdenes, hizo escribir Francisco en las vigas del techo el nombre de cada uno para que hallara con facilidad el propio puesto.

Pero un día sobrevino algo que obligó a sus pobres moradores a desalojar aquel humilde tugurio y buscarse un nuevo refugio, como nido de golondrinas desbaratado.

Un campesino de los contornos, echándose por delante el burro, llegó a la puerta gritando:

¡ Arre, burro, que el lugar saldrá ganando!

Francisco comprendió la malicia del lenguaje y aún más la mala acción del arriero, pero no se ofendió. Se acordó de las palabras de Cristo que enseñan a buscar otro lugar cuando se es expulsado del primero y, volviéndose a sus compañeros, les dijo:

— Sé que el Señor no nos ha llamado a aparejar cobijo a bestias, sino para rezar y mostrar a los hombres el camino de la salvación.

Tranquilos y serenos, de dos en dos, salieron de su pobre asilo y se adentraron en la campiña, tomando un sendero hacia occidente.

Había en su interior una alegría sin mengua, la de sentirse más cerca de Cristo.

«Las aves tienen nidos y las bestias su guarida, pero el Hijo del Hombre no tiene donde recostar su cabeza» — había dicho Jesús.

Semejanza tan grande no podía menos de exaltar a aquellos enamorados de Dama Pobreza.

Cap. XII

Donde se cuenta cómo obtuvo san Francisco de los monjes del Monte Subasio la pequeña iglesia de Santa María de los Angeles y cómo puso allí la sede de su Orden.

¿ Dónde cobijarse? El problema podía angustiar al hombre corriente, pero nunca a Francisco. Dios, que provee de todo a las bestias del bosque y a los pájaros del cielo, se cuidaría sin duda alguna, como siempre, de las almas buenas. Era sólo cuestión de fe.

Llegaron a Santa María de los Angeles, la pequeña iglesia restaurada por Francisco pocos años antes.

¡ Qué gozo poderse detener allí, junto a la gran Madre de Dios, como puros caballeros a su santo servicio!

El plan — ya que el obispo de Asís no podía darles una iglesia — fue tomando consistencia en el ánimo de Francisco.

Mas para poder establecerse en ésta se necesitaba el permiso de los monjes benedictinos, propietarios del lugar, y, para obtenerlo, había que subir a la abadía del Monte Subasio, próxima al devastado castillo de los condes de Sassorosso.

Desde aquella altura se disfruta un panorama espléndido. Toda la llanura, en su imponente extensión, caía bajo la mirada de los monjes; y éstos, lejos del mundanal ruido, gustaban un anticipo de la belleza de Dios, desplegada bajo sus ojos en el reflejo de la obra admirable de la creación.

Hasta aquella cima subió Francisco con los suyos.

Había subido ya otra vez, unos veinte años antes, con el paisanaje enfurecido que había arrasado el castillo del feudal, pero entonces el ímpetu de la revuelta le había impedido saborear el espectáculo.

Ahora, en cambio, gustaba de él como de un don precioso, y su alma de alondra se dilataba en un canto de gracias al Señor.

Llamaron a la puerta de la abadía.

ASÍS: Basílica de Santa María de los Angeles. Interior de la Prociúncula

El abad los recibió con mucha cordialidad, y oída su petición, la satisfizo con caridad evangélica, regalándoles no sólo la iglesuela, sino también una parcela de tierra aneja.

Pero Francisco no quería donaciones. Habría sufrido con ello Dama Pobreza, la señora de su corazón. Se estipuló, pues, una especie de contrato: los monjes retendrían la posesión y los frailes el uso a perpetuidad.

En reconocimiento del derecho benedictino, los hijos de Francisco ofrecerían anualmente un cesto de pececillos a la abadía. Poca cosa, es verdad, pero suficiente para reconocer que su propiedad pertenecía a otros.

El éxito de la misión alegró inmensamente el corazón de Francisco. Le gustaba aquella iglesia desde mucho tiempo atrás, y la amaba mayormente por estar dedicada a la Madre de Dios.

Con ánimo reconocido puso allí, en consecuencia, el fundamento de su Orden, anclándola sólidamente en el corazón de María.

Desde aquel momento ella se convertía en suave intermediaria de la nueva familia ante el trono de Dios, y los frailes, a cambio, se hicieron pregoneros en el mundo de su amor materno.

Fuera, en la pequeña parcela de terreno — la llamada "Prociúncula" — hizo construir Francisco algunas chozas donde pudieran los hermanos retirarse a reposar un poco y dedicarse a la oración y penitencia en el silencio y la soledad.

Nadie podría venir allí a perturbarlos o expulsarlos: la caridad de san Benito les había puesto al resguardo de cualquier vejamen.

La vida en la Porciúncula fue idéntica a la de Rivotorto. El número de los hermanos — aumentado sensiblemente — permitía a Francisco satisfacer mejor las exigencias del apostolado. Los enviaba con frecuencia a predicar, y extendía su zona de influencia a regiones remotas y poco accesibles.

Volaban en enjambre como abejas de su colmena y se dirigían, confiados en la Providencia, a doquiera hubiera almas que salvar.

Los hombres, movidos al principio de la curiosidad, los rodeaban como a juglares de feria, esperando oir de su boca el relato rimado de los caballeros andantes o la música de algún serventesio, pero bien pronto se percataron de que sus palabras sencillas y sin retórica tenían algo muy diferente que ofrecer.

Relataban la Pasión de Nuestro Señor, o describían los daños del vicio y la belleza de la virtud, lo presentaban tan gráficamente que hacían nacer en los oyentes la compunción del corazón y el propósito de mejorar de vida.

Ni siquiera los doctos escapaban a su fascinación, y menos aún a la de su forma de vida. Leían la Regla que llevaban a todas partes y quedaban atónitos.

El Evangelio, tan admirado y venerado, pero que quizás en su intimidad juzgaban intraducible a la práctica cotidiana, — dominada como estaba de intereses egoístas y pasiones malsanas — se presentaba ahora a sus ojos integralmente revivido, incluso en sus postulados más heróicos, por esta gente extraña, alegre en la renuncia y sonriente en la pobreza.

Su fuerza de atracción era tan fuerte que muchos, tocados por la gracia salvadora, cambiaban la garnacha de terciopelo por la túnica de estameña.

★ ★ ★

«¡ Dulce amor de la pobreza — cuánto deberíamos amarte»!. Así cantará Jacopone de Todi más tarde, para expresar un sentimiento que había sido el motivo dominante en el alma del Poverello y el aliento de sus primeros hijos.

"Paupertas cum laetitia": la pobreza con la alegría. Antítesis estridente para el mundo superficial, pero síntesis fecunda del bien, anunciada por el Salvador en la primera bienaventuranza.

Francisco se hizo su nuevo heraldo y enseñó a vivirla a sus hermanos.

Volvía de Perusa un día de invierno en compañía de fray León, dirigiéndose hacia la Porciúncula.

Había caído mucha nieve y el cierzo soplaba colándose entre los pliegues de sus pobres túnicas color ceniza.

Caminaban uno detrás del otro. Fray León delante y Francisco detrás. La nieve cedía bajo los pies desnudos crujiendo.

Con un diálogo sencillo y profundo, cortado por largos silencios, el Padre enseñaba al hijo los secretos de la nueva ciencia.

No son las atracciones de la tierra, ni el dominio de los secretos de la naturaleza, y ni siquiera el poder taumatúrgico de los santos, lo que puede hacer feliz al hombre y darle el gusto de la vida. Sólo la superación de las propias pasiones, alcanzada mediante la pobreza y el sufrimiento, puede abrir la fuente de la alegría y beatificar el espíritu, como la belleza de una estatua va aflorando con el trabajo lento y dolorido del artista que quita del bloque de mármol las partes inútiles y defectuosas.

Cap. XIII

Se cuenta cómo santa Clara y santa Inés renunciaron al mundo y dieron principio a la Orden de las Damas Pobres.

Asís vivía intensamente las vicisitudes de la nueva Orden.

Los frailes pasaban ahora por sus calles, subían las escalinatas ocultas en la sombra, de dos en dos, con las manos cruzadas sobre el pecho, recogidos en oración.

Llamaban a todas las puertas tendiendo la mano a la limosna y dirigiendo el saludo de buen augurio: «La paz sea en esta casa».

Entraban en las iglesias y predicaban con humildad la Palabra de Dios. Se ponían a disposición del clero y realizaban todos los servicios, incluidos los más bajos, en la casa de Dios.

Todo el mundo los rodeaba de respeto y veneración.

Junto a la iglesia de San Rufino surgía la casa de messer Favarone de Offreduzzo, noble caballero de Asís, y de su mujer Madonna Ortolana, que había visitado en Tierra Santa el santo sepulcro y había estado en otros santuarios de la cristiandad.

Su hogar había sido alegrado con el tesoro de cuatro hijas, bellas como flores de primavera, sabias y educadas como señoras de edad.

Llamábanse Penenda, Clara, Inés y Beatriz.

Favarone murió antes de verlas colocadas a todas y quizá fuera ésta la espina más punzante que había entristecido su fin de hombre cristiano y galante.

Clara, especialmente, atraía sobre sí la atención general. Fina, llena de dignidad, con su bella cabellera de oro, parecía una figura de ensueño.

Pero sus pensamientos no estaban vueltos a la tierra. En su corazón sentía la dulzura y belleza de la vocación religiosa, la invitación a una maternidad espiritual que se derramara sobre los abandonados y desgraciados.

Había escuchado más de una vez, en la vecina catedral, la

palabra cálida y persuasiva de Francisco, cuya fascinación también ella había sentido, y en el silencio de su alcoba no pensaba más que en seguirlo en su dura vida de pobreza.

Ayudada en su intento por una buena criada — Bona de Guelfuccio — logró Clara tener algunas entrevistas secretas con Francisco.

Las dos almas se entendieron inmediatamente. No habiendo entre ellos la menor divergencia, se tomó la resolución.

★ ★ ★

Primavera de 1211. Domingo de Ramos.

El pueblo de Asís subía a la catedral, que Juan de Gubbio había edificado grande y elegante, digna de una ciudad generosa.

Por su amplia plaza pasaba gente de toda condición: magistrados y lacayos, en noble compostura, damas y pueblerinas, señores y artesanos. Todos iban a cumplir con su deber de cristianos para llevarse a casa la palma que colgar a la cabecera de la cama como una bendición de Dios.

También la familia de Favarone se había puesto en movimiento. Las muchachas caminaban noble y modestamente, hechas blanco de la silenciosa y respetuosa admiración del pueblo.

Clara se había puesto el vestido más bonito, y era realmente de una claridad deslumradora, pero su andar parecía de sonámbula: ensimismada, no advertía la gente que la rodeaba, y, llegada a la iglesia, se sumió en oración.

Al tiempo de la distribución de los ramos todos avanzaron para recogerlo de manos del obispo Guido, pero ella permenció lejos, y como clavada en su puesto.

Se alteró sólo cuando el obispo, bajando la gradería del presbiterio, se llegó a ella y le dio el ramo de olivo.

¡ Gesto simbólico! La Iglesia rendía homenaje desde aquel momento a la futura santa.

A la noche siguiente, cuando en su casa dormían todos el sueño más profundo, Clara se levantó sigilosamente y, por la puerta de la servidumbre, salió al aire libre.

Llamó a Pacífica de Guelfuccio, que habitaba en la casa

ASÍS: Basílica Inferior. SIMONE MARTINI: *Santa Clara, la "plantita"* San Francisco

del lado opuesto de la plaza, y juntas corrieron hacia abajo por las callejuelas estrechas y sombrías hasta que se vieron fuera de la ciudad. Allí siguieron el sendero que conducía a Santa María de los Angeles, adonde llegaron jadeantes de cansancio.

Las estaban esperando Francisco y sus hermanos, entre un vivo fulgor de antorchas.

— ¡ Hija! ¿ qué propósito te ha guiado hasta aquí?

— Padre, el de amar y seguir a Jesús en vida de pobreza y oración.

Arrodillada a los pies del Santo, se quitó el velo de encaje y apareció su espléndida cabellera como cascada de oro.

El Santo se la cortó de un golpe, consumando el sacrificio.

Era la primera mujer que entraba a formar parte del movimiento franciscano, una "plantita" que daría fruto sustancioso de gracia y santidad.

Saliendo de la Porciúncula cubierta con la burda estameña de los frailes y un velo tosco, Francisco la llevó a las monjas benedictinas del monasterio de San Pablo de Bastia.

Y aquí sobrevino el drama.

A la mañana siguiente se despertaron los parientes con la triste sorpresa de no hallar a Clara en casa.

Su dolor fue muy grande, e incontenible su rabia, cuando supieron que el hijo de Pedro Bernardone la había arrebatado para Cristo.

La religiosidad de ellos, aunque sentida, no llegaba a tanto. No podían imaginar que en la vida de una muchacha pudiera haber otros ideales que los de hacer punto, las flores, el amor y la familia.

Se horrorizaban al pensar que su cuerpo pudiera ser macerado por cilicios y extenuado por el hambre.

¡ Tristes preocupaciones de las almas mediocres y pequeñas!

Corrieron, pues, anhelantes hacia Bastia, rodearon el monasterio y penetraron en él, resueltos a llevarse a la ilusa muchacha. Todo inútil. Clara se había pegado al altar, con la cabeza descubierta, deformada por el corte de Francisco.

Un horror sagrado los venció. Ninguno tuvo valor para acercarse y retrocedieron como heridos por un rayo.

Tal vez la violencia del episodio y las sugerencias de las monjas aconsejaron a Francisco buscar refugio más seguro para Clara.

En la falda del Subasio había un monasterio: San Angelo di Panzo, que por estar más cerca de la abadía de San Benedetto, lo juzgó Francisco lugar impenetrable y allí condujo a la joven.

Pero, contra toda previsión, se produjo otro hecho aún más sonado.

Inés, la tercera de las hijas, pasados apenas dieciséis días de la fuga de su hermana, dijo también adiós al mundo y corrió a unirse a ella en el silencio del claustro.

La alegría de Clara fue inmensa. La sentía ahora más cercana a sí, unida más fuertemente que por los lazos de la sangre. Ambas estaban fundidas en idéntico amor y en una misma pasión.

Una segunda oleada de despecho y desesperación conmovió a la familia Favarone. Una segunda expedición partió para recuperar a la otra loca de la casa.

Los parientes irrumpieron en el monasterio bajo la guía del tío Monaldo, tutor de las muchachas, echaron mano a Inés y la sacaron a viva fuerza de su dulce asilo.

La arrastraban por la cuesta abajo, pero pronto hubieron de pararse. ¡ Cómo pesaba aquella delicada criatura!

Probaron otra vez, incitados por los gritos y blasfemias de Monaldo, pero no había nada que hacer: Inés se había hecho más pesada que una roca de basalto.

Presa de una ira salvaje, Monaldo alzó el brazo para descargar el puño sobre aquel ser embrujado, pero el brazo se tornó rígido como leño seco. Los raptores huyeron llenos de espanto.

Cuando desaparecieron entre el boscaje de encinas y enebros, Clara se acercó a Inés que aún yacía tendida en tierra:

— ¡ Hermana!

La muchacha se levantó de un salto y se ciñó al cuello de Clara.

— ¡ Hermana, cuánto he rezado por ti! Y el esposo Jesús me ha escuchado. Henos aquí libres para siempre. ¡ Ven: El nos espera!

El obispo Guido cedió a Francisco la iglesuela de San Damián. Era un nido ideal para Clara e Inés, y se convirtió en el primer monasterio de las Clarisas.

ASÍS: Basílica de Santa Clara

Cap. XIV

Se refiere a la vida que llevaban las "Damas Pobres" de San Damián y la muerte de Santa Clara.

San Damián había sido para Francisco el motivo más claro de su transformación, y las palabras del Crucifijo bizantino resonaban todavía en su alma.

Para Clara e Inés se convertiría en la mística ciudadela del amor, de la cual se elevarían un día coronadas de una aureola incorruptible.

Muy pronto llegaron otras piadosas damas a poblar aquel sacro recinto, atraídas por su olor de santidad.

En el coro del monasterio un pergamino conserva aún sus nombres, y bajo su descarnada lista se siente el rumor de una epopeya admirable: Pacífica, Cristiana, Inés, Felipa, Bienvenida, Francisca, Balbina..., las mejores jóvenes de Asís.

Se sentían cautivadas por el resplandor de una belleza que trasciende todo parangón con este mundo.

La vieja casa paterna de Clara, que daba a la encantadora plaza de San Rufino, llegó a cerrarse para siempre, pasando a propiedad de los canónigos de la catedral: Ortolana, la madre dichosa, y Beatriz, la cuarta hermana, la abandonaron a fin de encerrarse también ellas en la paz de San Damián.

¿Quién podría narrar el fervor de la caridad de estas almas elegidas?

La tierra, que no es para los más sino una red que trunca toda tentativa de volar a lo alto, fue para ellas la plataforma de lanzamiento hacia la región de las estrellas.

En pos del ejemplo de Clara avanzaban seguras, sin detenerse ni titubear: como el labrador que traza el surco sin volver la vista.

Con el flagelo de la penitencia astillaban el alabastro de su cuerpo, y la sangre era semilla fecunda de vida inmortal. Mortificaban la sensualidad con manjares insípidos y repugnantes, para que su gusto se habituase a las delicias de la Carne de Cristo.

Humillaban con la ceniza y el llanto la belleza corporal para resplandecer mañana en un halo indefectible.

Francisco las rodeaba con su afecto.

Conocía la fuerza de conquista que de las oraciones y penitencias de aquellas santas mujeres provenía para él y los suyos, y su corazón debía conmoverse profundamente.

Era el suyo el corazón de un santo, rebosante de amor divino, que se derramaba sobre las criaturas en efusión dulcísima.

Pero sabía, por larga experiencia, lo frágil que es la carne y cómo se puede rebelar contra el espíritu, si una mano fuerte no

ASÍS: *Sencillo coro de las Clarisas* en San Damián

la mantiene a raya, y que toda perla se oscurece cuando no se la conserva en el sitio debido.

Quiso por ello que aquel sagrado recinto fuera inviolable, y que ningún hermano, sino en casos excepcionales y por obligación de su ministerio, se acercase a sus muros.

Su voluntad, codificada en la Regla, no admite tergiversaciones: «Mando firmemente a todos los hermanos que no entren en los monasterios de las monjas, excepto los que tengan permiso de la Sede Apostólica».

Y esas disposiciones no eran sólo para los otros, sino también para él mismo. No es posible leer sin emoción este pasaje de Celano: «Morando en San Damián el santo Padre, ante la insistencia del Vicario para que predicara a las hijas, al fin asintió. Se reunieron ellas, como de costumbre, para oir la palabra de Dios y también para ver al Padre; levantando éste los ojos al cielo, donde tenía puesto siempre el corazón, comenzó a rezar a Cristo. Después pidió un poco de ceniza, trazó con ella un círculo en torno suyo sobre el suelo, y con el resto se roció la cabeza. Las religiosas contemplaban al santo Padre silencioso en medio de la ceniza, llenas de estupor. De repente aquél se puso en pie y, ante el pasmo general, recitó el **Miserere** en vez de un sermón. Cuando lo hubo concluido, salió a toda prisa... Con tal acto quiso enseñarles a reputarse como ceniza y, también que ningún sentimiento de otra estofa podía albergarse en su corazón respecto a ellas».

El silencio de San Damián nos ha llegado lleno de altísimo sentido.

Poco es lo que nos cuenta la historia, pero mucho lo que intuye el espíritu.

Clara era la custodia vigilante de un rico jardín al que el Esposo bajaba a embriagarse de aromas.

Se postraba en tierra para besar y lavar los pies de sus hermanas cuando volvían de la limosna; les repartía el pan de trigo — a veces multiplicándolo —, junto con el de la caridad; se tomaba el breve reposo sobre un haz de sarmientos cuando la naturaleza reclamaba irresistiblemente sus derechos; maceraba su delicado cuerpo con un cilicio de cerdas de piel de jabalí.

Y cuando la enfermedad la clavará en el lecho durante años inmovilizándola, su fuerza de espíritu no vendrá a menos, su boca no se cansará de rezar, su corazón de sufrir en paz, sus manos de trabajar.

Confiaba sólo en Dios: su seguridad, por tanto, y su serenidad eran absolutas.

Cuando en 1240 las tropas sarracenas de Federico II trataron de violar el virginal retiro de San Damián, Clara tomó resueltamente en sus manos el cofrecillo donde se guardaban las Sagradas Especies y se asomó por una ventana sobre la horda vociferante que intentaba la escalada. Una fuerza sobrehumana se desató del Sacramento, arrolló y trastornó en su fuga a la soldadesca embrutecida por el demonio de la lujuria.

Al año siguiente, por sus oraciones, Asís fue nuevamente liberada de un asalto del ejército imperial mandado por Vidal de Anversa, como para testimoniar la fuerza de la oración contra la arrogancia de las armas. El buen olor de su santidad llegó a las más altas jerarquías de la Iglesia.

En 1228 — con ocasión de la canonización de san Francisco — Gregorio IX quiso visitar a las queridas reclusas, y en señal de su profundo afecto se dignó sentarse a su pobre mesa.

Antes de disponerse a comer, vuelto a Clara, le dijo:

— Nos deseamos que bendigáis estos panes.

La Santa se excusó ante la majestad del Sumo Pontífice, pero luego, obedeciendo a su repetida indicación, trazó una amplia señal de la cruz sobre la mesa.

Como por encanto, aquella señal se grabó sobre los panes mejor que si los dedos de una mujer la hubieran impreso sobre la blanda masa.

Impresionado el Papa de la extrema pobreza que reinaba en el monasterio, tuvo la tentación de mitigarla un poco con algún privilegio.

La reacción de la Santa fue inmediata:

— Santo Padre, deseo que nos desliguéis de los pecados, más bien que de la obligación de observar la pobreza que hemos prometido al Señor.

Navidad de 1252. Clara yace en cama atormentada por su larga enfermedad.

Todas las monjas están ausentes, ocupadas en rezar el Oficio Divino.

Un silencio denso pesa sobre la desnuda celdilla, y el corazón de Clara experimenta una soledad de muerte, pero he aquí que de pronto se desvanecen las paredes de la pobre habitación, y se ve trasladada misteriosamente al marco augusto de la basílica de San Francisco.

«Comenzaron a sonar en sus oídos — así lo describe el cronista — los conciertos que allí se tenían. Escuchaba el júbilo de los hermanos salmodiando, las armonías de los cantores, y el sonido mismo del órgano. Dada la distancia del lugar, no hubiera sido humanamente posible oir todo eso, si aquella solemnidad no le hubiera sido transmitida por el poder de Dios, o si sus oídos no se hubieran agudizado por encima de todo poder humano. Pero hay algo que superó ese portento auditivo: la visión de la cuna de Belén».

Cuando sus piadosas hermanas volvieron de rezar el Oficio, la hallaron sumergida en una dicha inenarrable.

Mas el Esposo estaba cerca. Clara oía resonar en su alma la dulce invitación: «Ven, querida mía, ven, serás coronada».

Reuniendo sus últimas fuerzas, se preparó para el gozoso encuentro.

Se enajenó enteramente de la tierra y fijó la mirada en el cielo, dirigiendo allí todos sus deseos. Los sufrimientos corporales no le eran óbice, sino medio eficaz de elevación, sintiéndose clavada con Cristo en el madero de la cruz.

Acudió a su cabecera Inocencio IV, huésped a la sazón del Sacro Convento de San Francisco, para confortarla con su presencia y bendición.

Le confirmó el "Privilegio de la Pobreza", mediante el cual le asegura a ella y a sus hijas el derecho de vivir perpetuamente en la pobreza profesada tantos años atrás.

Acudió también Inés, para dar el abrazo postrero a su hermana. Tal vez presentía también ella que la separación sería breve, pues notaba ya el deshacerse de su cuerpo y el ansia de unirse a Cristo.

Clara agonizaba. En un momento dado, la celda se inundó

de luz y apareció María Santísima seguida de un tropel de vírgines cantando.

El rostro de Clara se iluminó de júbilo:

— ¡Sal, sal en paz, alma mía!

El místico cortejo, enriquecido con el alma de la Santa, emprendió el camino hacia el cielo, perdiéndose más allá de las nubes.

Era la tarde del 11 de agosto de 1253.

ASÍS: Basílica de Santa Clara. *Urna con los restos mortales de Santa Clara*

Cap. XV

Se cuenta cómo san Francisco fue a predicar por el mundo y trató de llegar a Tierra Santa.

Narran las **Florecillas** que un día Francisco se halló sumido en gran ansiedad de espíritu a causa de dos pensamientos que luchaban en su mente:

¿ Debía continuar en la labor de la predicación o, rompiendo todo trato con el mundo, retirarse a alguna gruta y dedicarse solamente a la oración?

La segunda solución seducía el ánimo de Francisco, como la nostalgia de la patria al desterrado.

«En la oración — pensaba — encuentro una ganancia segura, que no me pueden quitar la vanagloria u otros vicios... Orando, hablamos con Dios y lo alabamos y, haciéndolo, vivimos una vida casi angélica; predicando, en cambio, hay que rebajarse a muchas cosas, alternar con los hombres, ver y oir mundanidades... La predicación empolva el alma».

El razonamiento era impecable, pero, siguiéndolo, ¿ no se opondría quizás a los designios de la Providencia?

Llamó por ello a fray Maseo:

— Vete a ver a sor Clara y luego a fray Silvestre y diles que recen a Dios para que me revele lo que debo hacer.

Fray Maseo se puso en camino al momento. Pasó primero por San Damián y expuso a Clara la embajada de Francisco; subió luego la áspera cuesta del Subasio y, hallando a fray Silvestre entre las torrenteras y carrascos de Le Carceri, le repitió el mismo mensaje.

Fray Silvestre se puso inmediatamente en oración y, cuando terminó de orar, dijo al emisario:

— Esto dice Dios que digas al hermano Francisco: que no lo ha llamado a este estado tan sólo para sí, sino también para que produzca fruto en las almas y se salven muchos por él.

Sor Clara se expresó de la misma manera, por lo cual, recibida la doble confirmación de la voluntad divina, Francisco, dejando aparte todo otro pensamiento, se dedicó con prontitud a la salud de las almas.

★ ★ ★

Año 1212. Una llamarada de entusiasmo se había vuelto a encender en la cristiandad al grito de "Dios lo quiere". Cuarenta mil niños, llevando cruces y estandartes, y gritando: **«Señor, libra tu Sepulcro»**, partieron rumbo a Oriente. En las llanuras de las Navas de Tolosa, en España, las armas cristianas aplastaban la prepotencia musulmana.

El alma caballeresca de Francisco palpitó de júbilo, ardió como materia incandescente, y pensó atravesar el mar para participar en la grande aventura.

Pero su corazón no ambicionaba una conquista de tierras: eran las almas de allá lo que más le interesaba. Soñaba correr como un paladín del amor en medio de las filas musulmanas y encadenarlas a Cristo con los lazos de la fe y la caridad.

Pero antes de abandonar Italia, quiso ir a Roma, para que el gran Inocencio, Vicario de Cristo, sellara sus planes y bendijera sus pasos.

Dejó la Porciúncula con un compañero y a lo largo del camino se iba deteniendo en ciudades y aldeas para predicar a los hombres la paz y el bien.

Juanto a Cannara, en una fresca mañana de primavera, vio una multitud de aves gorjeando alegremente sobre las ramas en flor.

Impelido de una fuerza extraña, se puso en medio de ellas y todas revoloteaban a su alrededor, posándose en su cabeza, en las espaldas y entre las manos. A los ojos estupefactos del compañero parecía que la realidad se hubiera disuelto en sueño, o que Adán, por un milagro inaudito, hubiera vuelto en estado de inocencia a conversar con los animales.

Francisco, en cambio, como si todo discurriera del modo más natural, impuso silencio a sus bulliciosas amigas y luego, echándoles un discurso, les recomendó alabar al Señor que las alimentaba y vestía con amor indefectible. Al final las bendijo con la señal de la cruz y les dio licencia para tornar a volar y cantar. Se quedó mirándolas algún tiempo, mientras se lanzaban alegremente al aire, girando y cantando con extremada dulzura; después, continuó su camino.

En Alviano, poblado entre Orvieto y Orte, estaba hablando un día al pueblo congregado en la plaza, pero una bandada de bullangueras golondrinas impedía que su palabra llegara a los oyentes.

— ¡ Hermanas golondrinas! — les dijo Francisco. Vosotras ya habéis charlado bastante. Callaos ahora, dejadme hablar a mí y estaos quietas hasta que termine.

Al instante enmudecieron todas, ante el asombro de los presentes, y no se movieron mientras duró la predicación.

Francisco prosiguió su marcha a la vera del curso del Tíber. En Roma predicó en calles y plazas y atrajo a muchos a su seguimiento con la palabra y el ejemplo.

Uno de ellos fue un cierto Guillermo el Inglés, de vida tan pura y fervososa, que mereció ser premiado por Dios con milagros tan ruidosos después de su muerte que parecieron oscurecer en su tiempo incluso la fama del Poverello.

Fray Guillermo duerme ahora el sueño de los justos en la basílica inferior de Asís, cerca de la tumba de su gran Padre.

En Roma conoció también a Jacoba de Settesoli, viuda de Graciano de los Frangipani. Era una mujer extraordinaria, que al encanto físico unía un alma con temple de diamante, enemiga de componendas con el mal, tan comunes a caracteres débiles y mediocres. Por ello la llamó Francisco "fray Jacoba", como para borrar en ella la debilidad de su sexo.

Si sor Clara era la imagen de María, que se sublimaba en el éxtasis de la vida contemplativa en pos del amor y la luz del Esposo divino, Jacoba se convirtió en la imagen de Marta, de la vida activa que, en medio de la selva pavorosa del mundo, no se extravía, sino tiende derecha al bien, postergando toda malsana preocupación.

Muchas veces acogió Jacoba en su casa al Santo, donde lo atendía con amor, sintiéndose dichosa, a su vez, con las palabras que salían de su boca.

Una vez le llevó Francisco de regalo un corderillo que había liberado de la muerte y Jacoba lo acogió con alegría. Acariciaba

ASÍS: Basílica Superior. GIOTTO: *San Francisco predicando a la avecillas*

su tierna lana y contemplaba sus ojos llenos de inocencia, mientras el tímido animalito tomaba de sus manos alimento con el morro sonrosado.

Un buen día la mujer lo esquiló y recogiendo con cuidado los vellones, los puso en su rueca para tejerle un vestido a su santo amigo. un vestido cálido de amor, que confortase la carne atormentada de Francisco antes de que su espíritu retornase a Dios.

Muerto el Santo, Jacoba, arregladas sus cosas de Roma, se estableció en Asís, y voló al cielo por la estela luminosa de una vida austera y penitente.

Quien baja hoy a la cripta de la Colina del Paraíso puede ver, frente a la tumba gloriosa del Poverello, la humilde urna que conserva las cenizas de fray Jacoba, iluminada por la luz de la epopeya franciscana.

★ ★ ★

Nada nos dice la historia del segundo encuentro de Francisco con el papa Inocencio, pero resulta difícil imaginar que el Pontífice, a quien no debía pasar inadvertida la renovación que estaba operando la nueva orden religiosa, no haya bendecido al hombre de Dios, animándolo a la santa misión que emprendía.

Con ese viático en el corazón, Francisco se embarcó en Ancona en una nave cruzada, que zarpaba para Oriente.

Izado en proa, apresuraba con el deseo la hora de arribar, el momento en que echado pie a tierra podría dar rienda a su ardor apostólico, largamente reprimido, logrando acaso el martirio.

Pero los acontecimientos tomaron otro derrotero. Una tempestad arrojó el barco hacia las costas dálmatas, se sufrió una grave pérdida de medios, y se hizo preciso pensar en el regreso.

Dada la escasez de víveres y que el invierno se echaba encima, el patrón se negaba a recibir en la nave al pobre fraile, pero Francisco se escondió furtivamente, y el Señor inspiró a un hombre de bien proveerlo de vituallas.

Gracias a esa estratagema se salvarían todos los embarcados, pues una nueva tormenta, prolongando mucho la travesía, hizo que se agotaran todas las provisiones, no quedando otro medio de subsistencia que las vituallas recibidas por el Santo en caridad, y que entre sus manos se multiplicaron prodigiosamente.

De vuelta en la Marca Anconitana, Francisco empleó el tiempo en proseguir su apostolado.

«Dejado el mar — escribe Celano — el siervo del Excelso se dio a recorrer la tierra y, surcándola con el arado de la palabra, sembraba la semilla de vida que produce el fruto bendito».

En Osimo habló ante el obispo y el pueblo con ocasión de un corderillo que había adquirido con la venta de su manto. Describió la caridad del Salvador que, como cordero, fue llevado al matadero, lamentó los pecados de los hombres que armaron las manos de quienes lo crucificaron, y tanta fue la unción y vehemencia de sus palabras que los oyentes se conmovieron hasta derramar lágrimas.

En Sanseverino fue a visitar un monasterio de damas pobres.

Su vida de penitencia y oración debieron traerle el recuerdo de las reclusas de San Damián, y les habló con un fervor sobre toda medida.

Entre los presentes — acaso en el más ocuro rincón de la iglesia — lo escuchaba un famoso poeta de aquel tiempo, coronado en la corte del emperador «como rey de los versos». Las palabras de Francisco descendieron sobre su alma más embriagadoras que una copla de amor, más entusiásticas que una canción de gesta. Y mientras se estaba allí inmóvil, embebido en la suavidad de aquella música, «vio con los ojos del cuerpo a Francisco traspasado de dos espadas brillantísimas, dispuestas en forma de cruz, una de las cuales iba de la cabeza a los pies y la otra de una mano a la otra a través del pecho».

Estupefacto, no sabía qué pensar, pero, rehaciéndose, se abrió paso entre la gente y se arrodilló ante el Santo pidiendo vestir las pobres lanas del hermano menor a cambio del rico traje de maestro cantor muy admirado.

Francisco lo acogió con gran afabilidad. También él era poeta, y los poetas tienen el privilegio de leer en el alma. Tuvo para él delicadezas de madre y palabras de dulzura.

Y Guillermo Divini — convertido en fray Pacífico — nunca

lo olvidaría, pues desde aquella jornada el Santo fue para él "su madre apreciadísima".

Cap. XVI

Se cuentan otros viajes apostólicos de Francisco y la institución de la gran Indulgencia.

En el verano de 1224 se dirigía, por última vez, Francisco, ya visiblemente enfermo, al Monte Alverna. La subida habría sido imposible sin la ayuda de una caballería que lo llevara hasta arriba, por lo cual sus compañeros se hicieron prestar el asno de un devoto, que se ofreció también como guía.

El sol brillaba implacable sobre aquella cuesta, enrojeciendo las piedras y quemando las matas de hierba que despuntaban con dificultad entre las hendiduras de las rocas. Todo parecía dormir lleno de sonidos apagados: hasta las hojas abarquilladas de los árboles se cimbreaban perezosamente.

De pronto, el dueño de la cabalgadura, volviéndose al Santo, rompió en súplicas:

— Padre, tenga piedad de mí: sin el refrigerio de alguna bebida me muero.

Entonces Francisco, siempre compasivo con los que sufrían, se apeó del asno y se puso en oración, elevando las manos al cielo, y no bajándolas hasta que se sintió atendido.

Luego, dirigiéndose al pobre hombre, le dijo:

— Ve corriendo detrás de aquellas rocas y hallarás el agua que Cristo acaba de hacer brotar para apagar tu sed.

★ ★ ★

Ese episodio tenía valor de símbolo.

El agua salida de la roca por la misericordia de Cristo no es otra cosa que la palabra del Santo, surgida para aplacar la sed de tantas almas quemadas en el vicio o privadas de alivio por incuria de sus pastores.

También entonces se predicaba, ciertamente, pero la palabra resultaba ineficaz y estéril por un defecto de forma.

La ciencia sagrada — ampliamente cultivada — había llegado a articularse en un preciso mecanismo dialéctico que, aprendido en las escuelas, debía por necesidad hacer sentir su influjo en la vida.

Por otro lado, el gusto casi general de la especulación lanzaba al orador preferentemente hacia lo abstracto, por lo cual, si encontraba oyentes en un auditorio culto y refinado, carecía de mordiente sobre las almas sencillas y prácticas de los fieles.

Con su intuición genial, Francisco advirtió esa deficiencia de su época y también en el estilo de predicar se remitió al Evangelio.

Sustituyó, por ello, el discurso escolásticamente construido, por el dictado espontáneo, sirviéndose de símiles, parábolas y ejemplos que se graban fácilmente en la memoria de los oyentes; y a la aridez de la abstracción prefirió argumentos prácticos de moral y la exposición de las verdades de la fe que mueven saludablemente la voluntad.

Su predicación resultaba, en consecuencia, nueva, no porque tuviera una técnica específica, sino por ser la negación de toda técnica.

Añádase, además, el íntimo hervor que inflamaba su palabra y la fe solidísima que la hacía clara y penetrante como el agua que cala la tierra hasta el hondón.

Así se explica que en Ascoli una treintena de personas, clérigos y seglares, dejaran de improviso el mundo para seguirlo en su vida de penitencia; y que Jacobo de Vitry, obispo de San Juan de Acri, viese a sus sacerdotes y a sus clérigos correr a hacerse franciscanos tras oir la predicación del Santo y, lo que importa más, que a su paso, en todas partes la gente se iba en pos de él arrebatada por sus enseñanzas.

Mas no se crea que su palabra buscara solamente las ovejas metidas ya en el redil, sino, sobre todo, las descarriadas, las conciencias empedernidas en el pecado. En Montecasale convirtió a tres ladrones asesinos; en Todi impidió, según la tradición, a una mujer perdida, consumar el delito con el fruto de su pecado.

Y esos eran hechos que se repetían con alguna frecuencia por dondequiera que pasaba.

★ ★ ★

ASÍS: Basílica Superior. GIOTTO: *San Francisco hace brotar ag* *cristalina*

La primavera de 1213 lo lanzó de nuevo por los caminos del mundo.

Sobrepasados los confines de la Umbría acompañado de fray León, se dirigió hacia la Romaña y subió al castillo de los ñores de Montefeltro.

Se estaba celebrando allí una gran fiesta, a la que llegaban marqueses, condes y caballeros en crecido número. Trovadores y juglares, atraídos por el acontecimiento, alegraban los ánimos al son de las bandolas y con cantos de amor: las más bellas canciones provenzales pasaban de boca en boca junto con los madrigales en lengua vulgar.

Francisco quedó prendado, una vez más, del atractivo caballeresco:

— Vayamos a esta fiesta — le dijo a fray León — porque, con la ayuda de Dios, nosotros cosecharemos mucho fruto espiritual.

Cruzaron el puente levadizo y entraron en el amplio patio donde se hallaba reunida toda la compañía. Junto al centelleo de terciopelos y brocados, la estameña de los dos frailes debió producir cierto efecto cómico, y su simplicidad fue ciertamente objeto de amenas risotadas de parte de las bellas castellanas y de los galantes feudales.

Con la secreta convicción de quien se promete un buen pasatiempo, permitieron a Francisco subirse a un poyo y hablarles como decía querer hacerlo, escuchándolo en silencio.

El Santo comenzó adoptando por motivo el estribillo de una canción entonces muy en boga:

«Tan grande es el bien que espero,
que toda pena me es delicia»

Sus palabras, conforme el argumento se iba apoderando de él, descendían como un chorro de brillantes sobre el auditorio, pareciendo que más que un hombre, hablase un ángel.

Muy pronto la curiosidad cedió el puesto al interés, al que sucedieron la compunción del corazón y el aborrecimiento del pecado.

Entre los presentes había un cierto señor Orlando, conde de Chiusi en el Casentino, tocado como ninguno por la magia de aquellas palabras.

Se le acercó, acabada la prédica, para tratar de los negocios de su alma, pero Francisco no accedió en aquel momento, para no estropearle los deberes de huésped.

Más tarde, luego que el conde se hubo levantado de la mesa del señor de Montefeltro, Francisco habló con él largo y tendido, aquietando todas sus ansias.

Iban a separarse, cuando el señor Orlando le dijo:

— Padre, tengo en Toscana un monte solitario, llamado Alverna, muy apto para quien desee hacer penitencia. Si te agradase, yo con mucho gusto te lo cedería a ti y a tus compañeros por la salvación de mi alma.

A Francisco le dio un vuelco el corazón. ¿ Presentía acaso el gran milagro que se realizaría sobre aquella cumbre inaccesible?

— Señor Orlando, cuando volváis a vuestra casa yo os enviaré a dos de mis frailes. Si ese monte les pareciere idóneo para el recogimiento, desde ahora acepto vuestra generosa oferta.

Y mantuvo la promesa.

Vuelto a Santa María de los Angeles, envió al Casentino a los dos frailes prometidos, y éstos, visitado el lugar y juzgado muy apto para el recogimiento, construyeron en él una pequeña celda de ramaje, para que el Santo pudiera ir allá alguna vez a orar y contemplar a Dios.

★ ★ ★

Italia no bastaba ya al corazón de Francisco.

Si es gran cosa reavivar la fe en las almas tibias y en los corazones devastados por el pecado, más bello aún es marchar a difundir la Buena Nueva entre los pueblos infieles y obtener el martirio.

Fracasado su viaje a Palestina, intentó dirigirse a Marruecos, donde otras almas engañadas por la doctrina del falso profeta, esperaban conocer el camino de la salvación.

Se puso, pues, en camino otra vez. Tiró hacia el norte de Italia y se detuvo algún tiempo en la ciudad de Susa, como huésped de la marquesa Beatriz de Saboya, dejándole en recuerdo, al marchar, una manga de su túnica.

Pasados los Alpes y atrevesada Provenza, entró en España, última etapa antes del Marruecos anhelado.

A cada paso el deseo del martirio le hacía saltar de contento, «y tan poseído estaba de su deseo, que a veces dejaba atrás a su compañero de viaje, para correr, en santa embriaguez espiritual, hacia la meta tan soñada».

Mas también en esta tentativa el deseo permanecerá deseo. El martirio será, a lo largo de su vida, como una luz inmensa hacia la que se moverá sin cesar, no alcanzándola nunca; o mejor, un día recibirá, sí, el martirio, pero será de una naturaleza no concedida hasta entonces a ningún otro mortal.

Después de visitar el santuario de Santiago de Compostela, le acometió una prolongada enfermedad, que le obligó a regresar. ¿Quién podría describir la pena de ese retorno? A la desilusión espiritual se unía el sufrimiento físico. Desprovisto de todo, echado como un perro del hospital al que había acudido, languideció bastante tiempo como un pobre andrajoso, pasando incluso tres días sin voz.

Su intimidad con Dama Pobreza se hacía más honda e intensa.

Por fin, comenzó a sentirse mejor, y tomó el camino del mar, esperando hallar un medio que lo transportara a Italia. Durante el camino manifestó a su compañero fray Bernardo el deseo de un poco de carne de ave, ¿pero dónde hallarla? Bernardo invocó a Dios en silencio y Dios, que consuela a los humildes, consoló a su siervo.

«Apareció de repente, por un campo, un caballero a la carrera y le ofreció un pájaro de óptima carne, diciendo:
— Siervo de Dios, acepta y agradece lo que te envía la divina Providencia.

Francisco se sintió muy feliz con el regalo y, comprendiendo que era Cristo quien se cuidaba de él, lo bendijo y agradeció de todo corazón».

★ ★ ★

Retornado de España, reanudó su apostolado en Italia.

Pero no es posible seguirlo cronológicamente en sus peregrinaciones; sólo de cuando en cuando nos indican los milagros registrados por los biógrafos las etapas de su paso por la península: de Bari a Alejandría, de Venecia a Gaeta.

Ni las dificultades de los viajes, ni los peligros provenientes de los hombres y de los elementos fueron nunca capaces de hacerlo retroceder; en él revivía el ardor de san Pablo, que deseaba ser "anatema" por sus hermanos.

«Su cuerpo — observa Celano — no conocía un instante de respiro en la prosecución de sus continuas y larguísimas giras evangélicas, ejecutadas por aquel espíritu pronto, devoto, ferviente e incansable. Hubiera querido anunciar por sí solo el Evangelio de Cristo a toda la tierra... Edificaba a sus oyentes no menos con el ejemplo que con la palabra, convirtiendo en lengua todo su cuerpo».

Como expresión de esa sed de almas y síntesis de su fecundo apostolado, florecía en 1216 el prodigio del "Perdón de Asís".

Estando una noche de julio arrodillado ante el altar de la Porciúncula y sumergido en profunda oración, vio de pronto un resplandor intensísismo que iluminaba las paredes ennegrecidas de la humilde capilla.

Sentado en un trono rutilante aparecieron Cristo y su Madre Santísima, rodeados de una densa multitud de ángeles.

— ¿Qué gracia deseas, Francisco, para el bien de los hombres?

— No otra sino la de que puedan obtener la remisión de toda la pena debida por sus pecados, si visitan esta iglesia arrepentidos.

— ¡Grande es lo que me pides, pero tú mereces cosas aún mayores.

Francisco no perdió el tiempo.

Al rayar el alba tomó consigo a fray Maseo y se dirigió a Perusa, donde a la sazón se hallaba el Papa.

El año anterior había estado en Roma y había asistido a la celebración del IV Concilio de Letrán.

Ante la imponente asamblea de cardenales, patriarcas, obispos y prelados, había experimentado un amor abrasador a la Roca de Pedro, áncora de salvación y faro de la verdad.

Había escuchado la ardiente palabra de Inocencio III, y su alma había vibrado al unísono con la del gran Pontífice.

Ahora Inocencio no existía ya. Su puesto lo ocupaba Honorio III, «anciano bueno y piadoso, muy sencillo y caritativo, que había distribuido entre los pobres cuanto poseía».

Cuando Francisco estuvo ante él, refirió la visión de la Porciúncula y el deseo que tenía de llevar a todas las almas al paraíso.

— Y ¿ para cuántos años quieres esta indulgencia?

— Santo Padre — replicó Francisco — no pido años, sino almas.

La petición se salía de lo acostumbrado. Una indulgencia así solía concederse sólo a quienes tomaban la cruz para liberar el Santo Sepulcro.

No obstante, el papa se la concedió, pese a la oposición de la curia.

Sin caber en sí de gozo, Francisco estaba a punto de marcharse.

— ¡ Hombre simple!, ¿ dónde vas sin un documento que atestigüe nuestra concesión?

— Padre Santo, me basta vuestra palabra. Yo no necesito ningún documento. Mi pergamino será la Virgen María, Cristo el notario y los ángeles los testigos.

El 2 de agosto de aquel mismo año, en presencia de los obispos de Asís, Perusa, Todi, Espoleto, Nocera, Gubbio y Foligno, Francisco, con el corazón rebosante de una alegría que no acertaba a contener, promulgó el Gran Perdón a una muchedumbre venida de todas partes.

Desde aquel año la humilde iglesuela, hasta entonces casi desconocida, se ha convertido en meta de multitudes de penitentes que acuden a ella en busca de paz. Así siempre, como cada verano repite el alba del 2 de agosto.

Cap. XVII

Se cuenta cómo se celebró el Capítulo de las Esteras y cómo el Cardenal de Ostia fue nombrado protector de la Orden.

El fuego es un elemento que no puede quedar oculto: "bello, jocundo, robusto y fuerte", alarga en torno sus rojas lenguas con un hambre sin fin.

Algo semejante hacía incandescente el alma y la lengua de Francisco. «Era su palabra — escribe Celano — como un fuego que penetraba en lo íntimo de los corazones y llenaba de admiración todas las mentes. Parecía entonces a quienes lo escuchaban diferente del que era habitualmente, mientras que, con la mirada fija en el cielo, no se dignaba bajarla para volver a ver la tierra».

Los primeros en ser devorados de su celo fueron sus mismos compañeros, que se transformaron, a su vez, en hogueras de caridad para la salvación de las almas.

— «Id, carísimos, de dos en dos, a las varias partes del mundo para anunciar a los hombres la paz y el perdón de los pecados; y sed pacientes en las tribulaciones, ciertos de que el Señor será fiel a cuanto ha establecido y prometido. Responded con humildad a quien os pregunta, bendecid a quien os persigue, dad gracias a quien os injuria y calumnia, porque, a cambio de esas cosas, os ha sido preparado un reino eterno».

Y ellos, aceptando con gozo y alegría inmensos el mandato de la santa obediencia, se prostraban humildemente en tierra ante san Francisco que, abrazando a cada uno con devoto afecto, le decía:

— Confía al Señor tu inquietud, y El te sostendrá.

Un escrito de Jacobo de Vitry nos informa que hacia 1216 los hijos de Francisco se hallaban ya extendidos por toda Lombardía, Toscana, Pulla y Sicilia. Y, si entendemos la extensión geográfica de esos territorios en su sentido medieval, advertiremos que en ellos estaba comprendida casi toda Italia.

Sus correrías apostólicas se interumpían dos veces cada año: en el tiempo de Pentecostés y por la festividad de san Miguel Arcángel.

Se juntaban en la Porciúncula para reparar el temple del espíritu y tratar de los problemas de la Orden.

Esas reuniones o pausas se llamaban "capítulos".

El Capítulo de 1217 fue muy importante, porque Francisco delineó por primera vez un esquema organizativo, que luego se mantendría establemente en la legislación de la Orden. Dividió Italia — y también algunos países más del extranjero — en provincias, y cada provincia en varias custodias. Surgieron así los términos "provincial" y "custodio", para, designar a los hermanos puestos al frente del gobierno de las casas religiosas incluidas en dichas demarcaciones.

En ese Capítulo se estudió también el problema de la evangelización de países extranjeros, no excluidos los de infieles.

Para la misión de Tierra Santa, niña de los ojos de Francisco, fue elegido por jefe la personalidad más indicada por sus dotes intelectuales y prácticas: fray Elías de Asís.

Para la de Alemania se ofrecieron sesenta hermanos, a cuyo frente estaba fray Juan de Penne. Y lo mismo se hizo con Hungría y España. Francisco se reservó Francia.

Clausurado aquel importante encuentro, los hermanos se dispersaron hacia su respectivo destino, y Francisco se dirigió al norte.

En Florencia se encontró con el obispo de Ostia, el cardenal Hugolino, de los condes de Segni, que más tarde escalaría el solio pontificio bajo el nombre de Gregorio IX. El cardenal le prohibió ausentarse de Italia y fray Francisco, a su pesar, hubo de obedecer, dejando a fray Pacífico la dirección de la misión de Francia.

Hugolino, hombre de ciencia y buen conocedor de la gente, veía con claridad el mucho bien que hacían los frailes, pero a la vez no ignoraba las dificultades con que topaban en algunas sociedades eclesiásticas y laicas.

Ya no eran un puñado de hombres débiles y despreciados, sino una multitud que aumentaba a ojos vistas. Para que pudieran superar las dificultades y rendir mayor bien, se hacía necesario canalizar su energaía por un cauce preciso, expresado en una organización más madura.

El cardenal tenía toda la razón.

Los hermanos, después de peripecias rocambolescas, habían sido mirados como herejes en Alemania, perseguidos y despojados hasta del hábito. En Hungría fueron rastreados como fieras y los campesinos azuzaban a sus perros contra ellos, obligándoles a huir a escape. Confundidos con albigenses, en Francia fueron expulsados violentamente por obispos y fieles.

Esos desastres indujeron a Francisco a ponerse completamente en las manos del obispo de Ostia.

Los dos hombres apenas se conocían, pero desde entonces nació entre ellos una amistad profunda, hecha de estima y veneración recíprocas.

★ ★ ★

El día 27 de agosto de 1218, mediante un breve de Honorio III, el cardenal Hugolino tomaba posesión, en nombre de la santa Iglesia, de todos los conventos de los frailes y de las tierras anejas.

Se insertaba de ese modo, como parte viva, en la historia de la Orden. Sus lazos con Francisco, tan fuertes de tiempo atrás, se tornaron más íntimos y estrechos, no siendo raros sus encuentros en Roma.

En una atmósfera de confianza recíproca organizaron la celebración del Capítulo de 1219, que pasaría a la historia con el nombre de "Capítulo de las esteras".

Participaron en él más de cinco mil hermanos, que acampaban en torno a la iglesuela de la Porciúncula en grupos de cincuenta, ochenta o cien, al abrigo de esteras de caña o mimbre improvisadas y durmiendo sobre la desnuda tierra.

No tenían consigo nada para el necesario sustento, pero Dios inspiró a la buena gente umbra que los proveyera de todo. «Y he aquí que súbitamente comenzaron a llegar hombres con asnos, caballos, carros cargados de pan y vino, de pan y queso, y de otras cosas buenas para comer».

Cuando vio Hugolino el espectáculo lo conmovió y exclamó: «En verdad que éste es el campo y el ejército de los caballeros de Dios».

Tomó también parte santo Domingo con siete religiosos de su Orden y, viendo cómo la Providencia se cuida de los que ponen en ella toda su confianza, se enamoró a su vez de Dama Pobreza: «De ahora en adelante yo prometo observar la santa pobreza evangélica y de parte de Dios maldigo a todos los frailes de mi Orden que pretendan tener propiedad».

Francisco dirigió a sus hermanos una exhortación que se ha hecho justamente célebre: «Hermanos, grandes cosas hemos prometido al Señor, pero mucho mayores son las que nos han sido prometidas a nosotros. Observemos aquéllas y suspiremos por éstas. Corto es el goce de este mundo, pero el castigo que le sigue es eterno. Pequeño es el sufrimiento de aquí abajo, pero la gloria de la otra vida es infinita. Mientras tenemos tiempo, procuremos hacer el bien».

Se examinó de nuevo el tema de las misiones extranjeras, y esta vez con mejor preparación.

Con anterioridad había el obispo de Ostia enviado cartas de recomendación a los países adonde se iban a dirigir los hermanos para predicar, presentándolos a los obispos y a los fieles como óptimos católicos, que gozaban enteramente del apoyo y aprobación de la santa Iglesia.

E hizo algo más. Quiso que los hermanos, al partir, llevasen consigo un breve de Honorio III, obtenido el 11 de junio de 1219, para mostrarlo a las autoridades eclesiásticas de los lugares donde fueren, si lo pedían.

Ese documento fue verdaderamente providencial, pues abrió el camino para una rápida difusión del franciscanismo en Francia, Inglaterra y en otras naciones.

Cap. XVIII

Se refiere cómo cinco hermanos sufrieron el martirio en Marruecos y cómo san Francisco marchó de misionero a Tierra Santa.

El Capítulo de las esteras dio a la Orden dos frutos preciosísimos: el martirio de cinco frailes en Marruecos y la epopeya de Francisco en la quinta cruzada.

Con otros numerosos grupos de misioneros que partían hacia varios países europeos, salió de la Porciúncula otro más reducido, compuesto de seis religiosos destinados a Marruecos. Se llamaban Vidal, Berardo, Pedro, Adyuto, Acursio y Otón.

En España Vidal enfermó de gravedad, y los demás se vieron precisados a continuar sin él, bajo la guía de fray Berardo.

En Sevilla pisaron territorio musulmán y, sin pérdida de tiempo, se pusieron a predicar el Evangelio en las plazas y junto a las mezquitas, como se lo inspiraba el Espíritu. Los infieles los golpearon brutalmente y los arrastraron a la presencia de su jefe religioso, llamado "el Miramamolín".

Este, considerándoles quizás unos pobres mentecatos, primero los hizo encerrar en una alta torre, después mandó conducirlos a Ceuta, desde donde un barco cristiano habría debido devolverlos a Italia.

Pero no era eso lo que ellos querían. No en vano se habían movido de Asís.

Entrados en Marruecos, burlaron la vigilancia de los guardias y, recuperada la libertad, comenzaron otra vez a predicar el Evangelio, denunciando la impiedad de Mahoma.

Fray Berardo se distinguía entre todos por el ardor de su caridad y la fuerza de sus argumentos, afrontando sin miedo la reacción de los infieles y confundiéndolos públicamente.

Como si eso no bastara, un día esperó el paso del jefe musulmán y lo atacó con un discurso de fuego.

Significó el arresto para todos.

Conducidos tres días después ante su tribunal, fueron torturados cruelmente y ajusticiados.

Era el 16 de enero de 1220.

Cuando Francisco tuvo noticia de su martirio, exclamó lleno de admiración y santa envidia: «Ahora es cuando puedo decir de verdad que tengo cinco frailes auténticos».

★ ★ ★

El mismo Francisco marchó a misiones después del famoso Capítulo. Ensayaba de nuevo el camino de Tierra Santa, adonde fray Elías lo había precedido, con otros compañeros, desde 1217.

Iban con él Iluminado, Pedro Cattani, Bárbaro, Sabatino y Leonardo, más otros siete cuyos nombres ignoramos.

También esta vez se embarcaron en Ancona. Atravesaron el Adriático y, pasadas las islas de Creta y Chipre, llegaron a San Juan de Acre hacia finales de julio de 1219.

Aquí se separó Francisco de algunos de sus compañeros y, con los restantes, se dirigió a Egipto, donde los cruzados sitiaban desde hacía un año la ciudad de Damieta.

El ejército cristiano pasaba el tiempo en la inacción. Sus jefes estaban divididos y no lograban ponerse de acuerdo sobre un plan común de ataque.

Los soldados se abandonaban al ocio, la molicie y el robo, olvidando la sublime misión por la que estaban allí.

Tal estado de cosas entristeció profundamente a Francisco, que no encontraba el resorte para estimular la conciencia de aquel rebaño en desorden.

El único consuelo que tuvo fue el de admitir a la Orden a algunos clérigos fascinados por su ejemplo.

El 19 de agosto se entabló la batalla.

¿Qué podía esperarse de tal situación sino una derrota espantosa?

Es lo que sucedió, sin que pudieran evitarla ni siquiera los avisos del Santo, que lo había predicho todo.

Vencidos y humillados, los cristianos atravesaron momentos de angustia y, si las consecuencias no fueron peores, se debió a que la fe, muy sentida, hizo despertar nuevas energías.

Mientras tanto, Francisco, que no olvidaba el motivo que lo había llevado a Oriente, se propuso penetrar solo en el territorio sarraceno.

MONTEFALCO: Iglesia de San Francisco:
BENOZZO GOZZOLI: *Encuentro de San Francisco con Santo Domingo e el Capítulo de las Estaras*

La empresa les pareció a todos una locura, y agotaron los argumentos para disuadirlo, tanto más cuanto que en campo enemigo existía una ley que daba una moneda de oro a quien hubiera cortado la cabeza de un cristiano.

Francisco, no impresionado en absoluto, tomó consigo a fray Iluminado y avanzó por el territorio en disputa, gritando "¡ Sultán! ¡ Sultán!".

Al momento fueron hechos prisioneros, azotados rudamente y conducidos ante el sultán Malek-El-Kamel, príncipe sabio y valiente.

A petición suya, Francisco expuso el objetivo de su visita, que no era el de renunciar a Cristo, sino el de convertirle a él y su pueblo al Evangelio.

Habló extensamente sobre el misterio de Dios Uno y Trino, pero dándose cuenta de que las palabras no hacían mella, echó mano de un argumento más eficaz:

— Ordena — dijo — que se encienda un gran fuego, haz que vengan tus sacerdotes y haznos entrar juntos en las llamas. Cree en la fe de aquel de nosotros que salga ileso.

— Ninguno de nuestros sacerdotes aceptará esa prueba para defender nuestra fe — repuso el sultán, viendo a uno de ellos huir lleno de miedo ante la propuesta del Santo.

Mas Francisco no se dio por vencido. El Espíritu que actuaba en su interior, le sugería razones y palabras nuevas, pero en vano: el sultán, convencido íntimamente, temía al "rumor del pueblo".

Cap. XIX

Donde se cuenta cómo san Francisco defendió la fe cristiana contra las acusaciones de los paganos ante el sultán Malek-El-Kamel.

La permanencia de san Francisco en el palacio del sultán y en medio de los musulmanes, en un período en que moros y cristianos se combatían ferozmente, es un hecho que pone de relieve la estatura espiritual y moral del Santo, capaz de pacificar en torno a sí las iras de todos en virtud del enorme respeto que imponía.

Por otro lado, hay que tener presente que la violencia de las armas debía traducirse en las palabras y conversaciones en la corte, especialmente delante del Santo que, con su presencia y exposición de sus propósitos, recordaba involuntariamente el contraste espiritual insalvable entre los dos bandos contendientes; quizás fuera esa la causa por qué el apostolado de San Francisco no produjo los frutos que él se esperaba. Por lo demás, es bien sabido que la polémica no ocasiona conversiones, sino que tiende, más bien, a exasperar los contrastes, porque la pasión que la guía hace ineficaces los términos y las palabras.

Julián de Espira alude a esos contrastes polémicos en su **Legenda Sancti Francisci,** cuando escribe en su n. 36: «Demasiado largo sería el referir con cuánta constancia de espíritu permaneció san Francisco en la presencia del sultán, y con cuánta elocuencia rebatía los argumentos de quienes denigraban la fe cristiana».

Cierto que san Francisco, el Santo del amor, no prefería, como sabemos por su vida, tal modo de hablar y de expresarse, pero se veía forzado a hacerlo las más de las veces, como se desprende de los episodios que recordamos a continuación. Hay que tener presente, igualmente, que la admiración de los mahometanos y, sobre todo, la del sultán, provenía de la lucidez y prontitud de las respuestas con que el Santo satisfacía a todas las preguntas, cualidades estas apreciadas de siempre, y

101

muy especialmente en la Edad Media, en que se las tenía por indicio de una sabiduría consumada.

★ ★ ★

Esos episodios que aducimos no es fácil hallarlos en otro lugar: proceden del **Liber exemplorum fratrum minorum saec. XIII** y no han sido aún utilizados suficienmente. Corresponden a los números 98 y 99 del texto publicado por el P. Livario Oligher. Helos aquí:

«Decía fray Buenaventura, Ministro General de la Orden, haber sabido el episodio siguiente de aquel compañero del bienaventurado Francisco (fray Iluminado), que lo acompañó al sultán:

Hallándose un día el Santo en el suntuoso palacio de éste fue puesto a prueba por él con una curiosa trampa para ver hasta dónde llegaba su fe y devoción a nuestro Señor Crucificado.

Hizo extender el sultán en toda la sala una amplia y variopinta alfombra recamada del signo de la cruz en toda su extensión y luego, dirigiéndose a los circunstantes, dijo:

— Llámese ahora a ese hombre, que parece cristiano de verdad: si, al acercarse a mí, pisa las cruces de la alfombra, le echaré en cara que injuria a su Dios; y, si no se atreve a pasar, le diré que me injuria a mí.

Hecho venir al Santo, que estaba lleno del Espíritu de Dios, y bien instruido de esa plenitud para comportarse y responder rectamente, pasó sobre la alfombra y se acercó al sultán.

Este, pensando que, por fin, tenía alguna cosa que achacar al hombre de Dios por haber injuriado a su Señor, le dijo:

— Vosotros los cristianos adoráis la cruz como un distintivo singular de vuestro Dios: ¿ cómo, pues, no has temido pisarla?

Y el bienaventurado Francisco:

— Habéis de saber que, junto con Nuestro Señor, fueron crucificados dos ladrones: nosotros tenemos la cruz de Jesucristo, nuestro Dios y Salvador, y la adoramos y estrechamos al corazón con la mayor devoción. Pasada la cruz de Cristo a nosotros, a vosotros os han quedado las cruces de los ladrones, y sobre éstas paso sin temor alguno».

ASÍS: Basílica Superior. GIOTTO: *San Francisco ante el Sultán de Egipto*

«Otra discusión tuvo el sultán con el bienaventurado Francisco. Le dijo:

— Vuestro Dios os enseña en el Evangelio a no devolver mal por mal ni reclamar el manto a quien os lo arrebata, y otras cosas. Con mayor razón debe haber mandado a los cristianos no invadir nuestra tierra.

— Vos — replicó el bienaventurado Francisco, parece que no habéis leído todo el Evangelio de Nuestro Señor Jesucristo. Pues en otra parte dice: «Si tu ojo te escandaliza, sácatelo y arrójalo lejos de ti», queriendo enseñarnos que ningún hombre por muy entrañable que nos sea — tanto, por ejemplo, como el ojo respecto de la cabeza — no deba ser arrancado de nosotros y alejado si intentase apartarnos de la fe y amor de nuestro Dios. Por eso los cristianos os hacen guerra y se apoderan de las tierras que habéis ocupado injustamente, porque blasfemáis del nombre de Cristo y apartáis de su culto a cuantos podéis. Si, por el contrario, en vos naciese el propósito de conocer, amar y confesar al Creador y Redentor del mundo, los cristianos os amarían como a sí mismos.

Ante tal respuesta los circunstantes quedaron maravillados».

★ ★ ★

Pero no era la maravilla y la admiración lo que buscaba Francisco: su deseo del martirio, tan largamente apetecido, se disolvía de nuevo en el vacío de un espejismo.

Se quedó algún tiempo más entre los musulmanes esperando convertir a alguno. En tanto se limitaba a hablarles de Cristo y del amor al prójimo, lo escuchaban con atención, pero en cuanto se ponía a desenmascarar las falsedades de la doctrina de Mahoma, se quedaba solo.

Convencido entonces de la imposibilidad de conseguir ventaja alguna para la fe con su continuación en el campo musulmán, se despidió del sultán para volver entre los cristianos.

Malek-El-Kamel trató de retenerlo, ofreciéndole oro y piedras preciosas, pero Francisco, el esposo de Dama Pobreza, no quiso nada. Aceptó únicamente — en señal de amistad — un cuerno de marfil para llamar a reunión a sus frailes, y un salvo-conducto para visitar Palestina.

Volvióse así a Damieta. La ciudad, después de largo ase-dio, se rendía el 5 de noviembre, y los cruzados hicieron estra-gos. Parecían lobos hambrientos, de tal manera se apoderó de todos la avaricia.

Francisco, asqueado, pensó en su regreso a Italia.

Dejando en Damieta algunos hermanos para que atendie-ran a los cruzados, se embarcó rumbo a San Juan de Acre, don-de lo esperaba fray Elías.

Con él visitó los Santos Lugares.

Su alma de serafín se abandonó a la evocación de los mis-terios de nuestra Redención, reviviendo, una a una, las etapas de la vida terrena de Jesús.

Exultó espiritualmente ante la Gruta de Belén y el Santo Se-pulcro, y se volvió con el corazón inundado de emoción y de alegría, como una flor dilatada por el calor del sol, que difunde en torno aroma embriagador.

Cap. XX

Se cuenta cómo volvió a Italia san Francisco y renunció, por enfermedad, al gobierno de la Orden.

Al marchar a Tierra Santa, Francisco había dejado dos vicarios en Italia: fray Mateo de Narni y fray Gregorio de Nápoles.

El primero debía residir habitualmente en la Porciúncula, para admitir y poner el hábito a los que entraban en la Orden, el segundo, en cambio tenía la obligación de visitar las diversas comunidades y velar por la observancia de la santa disciplina.

De hecho, pronto comenzó a manifestarse algún desorden, aumentado por el falso rumor de la muerte del Santo.

Se ha discutido mucho, en especial por los biógrafos modernos, sobre la índole de esos desórdenes, y se ha dado rienda suelta al juego de las hipótesis y conjeturas.

La historia, sin embargo, es reticente en extremo.

Jordán de Giano alude a ellos con esta frase: «La Orden está perturbada, se divide y arruina».

Una exageración, evidentemente.

En todo caso, para dar consistencia a esas palabras, hay que remitirse, sin duda, a la controversia sobre el ayuno, tendente a hacer más dura la praxis tradicional, al intento de algunos prelados de entrometerse en la dirección de los monasterios de las clarisas contra el derecho sancionado por la Iglesia en favor de los frailes y, sobre todo, al plan de Juan de Capela de fundar una nueva familia religiosa separándose de la Orden.

Todo eso, y tal vez alguna otra cosa de carácter más estrictamente disciplinar, había provocado, en la ausencia del espíritu equilibrador de Francisco, una atmósfera candente, que les parecía a los mejores, si no una traición manifiesta del ideal franciscano, al menos sí una rémora a la obra de apostolado y de santificación personal.

Uno de estos últimos, un tal Fray Esteban el Simple, se fue

por mar a San Juan de Acre y refirió a Francisco lo que estaba ocurriendo en Italia y lo mucho que urgía su presencia.

Las noticias espolearon al Santo que, emprendiendo el regreso, se trajo consigo a fray Elías. Pedro Cattani, Cesareo de Espira y algunos más.

Desembarcaron en Venecia a comienzos de agosto de 1220. Francisco estaba acabado. El clima terrible del Oriente había minado su salud. La enfermedad de los ojos, que deberá sobrellevar como pesada cruz hasta la muerte, tuvo allí su principio, y el estómago, estropeado, retenía poco alimento.

A esos sufrimientos físicos se sumaron los morales. En Bolonia constató que los frailes se habían construido una casa de piedra, que el vulgo apodaba "la casa de los frailes" y, además, habían abierto una escuela de teología.

En una primera reacción, el alma de Francisco se rebeló, y mandó que todos la abandonaran, incluidos los enfermos, pero después — habiendo sabido que los frailes habitaban allí no como propietarios, sino como huéspedes del cardenal Hugolino — se aplacó y permitió que volvieran.

El tenía miedo de la ciencia. No por su valor intrínseco, que le hacía respetar y venerar a los teólogos, sino porque temía que matara la santa simplicidad y excitara en el alma de sus hijos el demonio de la soberbia. Con todo eso, no dudó en dar el permiso para enseñar la ciencia sagrada cuando lo solicitó Antonio de Padua.

Pasó después a Italia central, cabalgando sobre un jumento, que la enfermedad había hecho necesario.

La corte pontificia se hallaba a la sazón en Orvieto, y allí el Santo se entrevistó una vez más con el cardenal Hugolino.

Juntos discutieron la situación de la Orden y tomaron las decisioines necesarias para atajar los desórdenes aparecidos. Se abrogaron los privilegios concedidos a algunos monasterios de clarisas, se conjuró la fundación de una nueva familia religiosa, se remitió al próximo Capítulo de septiembre la competencia de regular las leyes sobre el ayuno introducidas en ausencia del Santo.

Además, para acabar con el vagabundeo de algunos "frailes moscas", se estableció que los nuevos aspirantes hicieran un año de noviciado, como se acostumbraba en las otras familias religiosas, y que cada hermano pidiese obediencia a sus superiores para poder alejarse de su propia residencia.

✴ ✴ ✴

Fiesta de San Miguel Arcángel de 1220. Ante el Capítulo congregado, Francisco, no pudiendo ya más a causa de los sufrimientos físicos y por un profundo sentido de humildad, renunció a la dirección de la Orden y eligió como Vicario a Pedro Cattani. «Desde ahora yo estoy muerto para vosotros: pero ahí tenéis a Pedro Cattani, a quien todos debemos obediencia, tanto yo como vosotros».

En realidad, el jefe seguía siendo siempre él. Si externamente otro dirigía las filas de la organización, era él quien plasmaba las conciencias y nutría las almas de sus hijos con el pan de su ejemplo y santidad.

El gobierno de Pedro Cattani fue brevísimo. El 10 de marzo de 1221 la hermana muerte lo arrebató de la Porciúncula al Paraíso.

Era necesario elegir un nuevo jefe y a ello se proveyó en el Capítulo siguiente de Pentecostés.

Hugolino, impedido por las ocupaciones de su cargo, se hizo representar por el cardenal Ranieri Capocci, y Francisco desarrolló en la exhortación el texto bíblico: «Bendito sea el Señor mi Dios que guía mi alma en la batalla».

Invocada después con humildad la asistencia del Espíritu Santo, fue elegido nuevo Vicario fray Elías.

Todos lo conocían.

Era el hombre que, con mente genial y fuerza de voluntad, había fundado la misión de Tierra Santa, en condiciones ambientales mucho más difíciles que las otras. Y, a diferencia de éstas, que antes de consolidarse habían sufrido imcomprensiones y reveses, la suya se había radicado lenta pero establemente en el territorio asignado.

La elección de fray Elías fue providencial.

Con él se difundirá y afirmará el franciscanismo en el mundo como una potencia formidable y obrará aquella revolución

ASÍS: Basílica Superior:
GIOTTO: *Aparición de San Francisco a San Antonio reunido con otr[
religiosos en Arlés*

espiritual que dio a la historia de los siglos siguientes una nueva faz.

En ese Capítulo se discutió una vez más la misión de Alemania, que había fracasado tan miserablemente en 1217.

La palabra de fray Elías convenció de tal manera que se ofrecieron noventa voluntarios a repetir la aventura, bajo la dirección de fray Cesáreo de Espira.

Desconocido de todos, participó en aquel solemne Capítulo un fraile portugués.

El deseo del martirio lo había llevado a Marruecos para emular la gesta de los cinco hermanos muertos por la fe, pero una larga enfermedad le obligó luego a volver a su patria.

Mas el barco, sorprendido por una violenta tempestad, lo hizo arribar, no a Portugal, sino a las costas de Sicilia, poniendo en acto inconscientemente un plan misterioso de la Providencia.

Poco a poco el joven fue remontando la península, hasta llegar a Asís con la ilusión de conocer al santo Fundador.

Su deseo se vio saciado, pero a él nadie le prestó la menor atención, excepto fray Graciano, provincial de Romaña que, por ser sacerdote, se lo llevó consigo, para que — si no era capaz de otra cosa — dijera la misa a sus frailes recogidos en el eremitorio de Montepaolo.

Era una lámpara bajo el celemín. Pero muy pronto, puesta sobre el candelabro, iluminará el mundo con luz deslumbradora.

Su nombre: Antonio de Padua.

Cap. XXI

Se cuenta cómo san Francisco fundó la Orden Tercera de la Penitencia y cómo reelaboró la Regla de la Orden Primera.

La vasta acción apostólica de Francisco no sólo había producido el retorno de las almas a la práctica de la vida cristiana, sino algo más: había devuelto a los hombres el gusto de la perfección, tan connatural a los cristianos de los primeros siglos.

A dondequiera que llegaba, se veía abrumado por las continuas peticiones de hombres y mujeres, libres y casados, de ser admitidos en las filas de la Orden.

¿ Era lícito deshacer la familia, cortar de un tajo todos los vínculos con la sociedad para permitir a aquellas personas vestir el hábito religioso?

Eran muchos los que, ante a ese obstáculo, debían renunciar al santo ideal y continuar su vida habitual en el siglo, donde su alma se movía con dificultad.

La intuición genial de Francisco le hizo idear algo nuevo: trasladar el ambiente claustral a la familia y en medio de la sociedad.

Para ello era preciso fundar otra Orden, en la que no pudieran entrar en conflicto las exigencias del espíritu, sediento de perfección, y los deberes inalienables del propio estado.

De ahí se originó la Orden Franciscana Seglar.

En 1221 Francisco, ayudado por cardenal Hugolino, escribió su Regla, y la dio a practicar a la gente. Constaba de unos pocos puntos esenciales, que recomendaban una clara profesión de fe y una obediencia absoluta a la Iglesia católica; la prohibición de llevar armas y el cumplimiento perfecto de los deberes del propio estado, en el cultivo de la modestia, de la castidad conyugal y del espíritu de sacrificio.

No relata la historia dónde "nació" la Tercera Orden, pero la tradición tiende a situar el hecho en Poggibonsi, en torno a las figuras del mercader Luquesio y de su esposa Buonadonna.

Aquél, roído por la avaricia y el interés de las cosas terrenas, cayó vencido un día por la palabra de Francisco y se dio a vender y distribuir todos su haberes en obras de caridad. Su mujer, tocada a su vez por un prodigio de la Providencia, no se dejó ganar en entusiasmo caritativo por su marido.

Francisco los vistió a ambos con la túnica de estameña, que ciñó con un cordón.

Vivieron todavía durante algún tiempo, satisfechos con el sustento que les producía el cultivo de un pedazo de tierra, hasta que se durmieron juntos en el beso del Señor.

Después de esa primera pareja, la Orden Tercera se difundió rápidamente en el mundo, ocasionando un bien incalculable a la sociedad, y llegó a ser timbre de honor no sólo para los humildes, sino también para los grandes de la tierra.

Isabel, landgrave de Turingia, y Luis IX, rey de Francia, se santificaron con la profesión de esa Regla, y no fueron los primeros de aquella gloriosa serie de santos que florecieron entre las filas de la Tercera Orden.

Durante su primera permanencia en Rivotorto, cuando los hermanos eran pocos y desconocidos, fue favorecido el Santo con una visión admirable, que le abrió el futuro, revelándole la difusión que tendría su Orden en el mundo.

«He visto — decía — venir a nosotros una gran multitud de hombres por el deseo de vivir con el hábito de la santa religión y bajo la Regla de nuestra bienaventurada Orden... He visto los caminos casi repletos por su número, dirigidos hacia acá de todas las naciones. Vienen los franceses, se apresuran los españoles, acuden los alemanes y los ingleses, y llega veloz una gran muchedumbre de otras diversas lenguas» — Catorce años después la visión se había traducido en la realidad más consoladora. El árbol plantado con fatiga, había echado hondas raíces, había crecido frondoso y fuerte, estaba dando preciosos frutos de bondad.

Si bien se recuerda, cuando Inocencio III aprobó la Regla de Rivotorto — la única Regla, por lo demás — lo hizo simplemente "de palabra", sin dejar ningún documento por escrito, y dijo desear información sobre el desarrollo de la nueva religión para otorgarle más atribuciones, cuando correspondiera a sus esperanzas.

Todo ello indica claramente que la Regla fue aprobada por Inocencio "ad experimentum" provisionalmente y que necesitaba, por ello, posteriormente, un reconocimiento definitivo, su consagración por un documento pontificio.

En los catorce años transcurridos entre la aprobación y la confirmación, la Orden, como hemos dicho, se había desarrollado gradualmente hasta alcanzar vastas proporciones y, a la par, había recogido una suma de experiencias en los capítulos anuales.

No pudiendo ese material ser integrado en la Regla hecha intangible por la aprobación eclesiástica, se le había adjuntado, a modo de Constituciones, y recibía fuerza de ley por la autoridad misma del Capítulo.

Cuando, mientras tanto, llegó el día de someter unos estatutos definitivos a la Santa Sede, se sintió la necesidad no de recopilar una segunda Regla, sino de enriquecer la ya existente con las esperiencias recogidas.

Por lo demás, ¿ para qué repudiarla, si «el Evangelio — como dice san Buenaventura — había sido incrustado en ella como su fundamento indisoluble?».

No debe, por tanto, hablarse de una nueva redacción, sino — a lo sumo — de un complemento.

Y a eso se dedicó Francisco, retirándose a Fonte Colombo, eremitorio solitario en los montes de Rieti y aptísimo para el recogimiento.

El contacto con Dios, invocado de corazón, lo libró de todo pensamiento superfluo, y así pudo escribir con espíritu sereno.

Cuando hubo terminado, entregó el manuscrito a su Vicario, pero éste lo extravió involuntariamente.

Entonces el Santo, sin perder la paciencia, subió de nuevo a Fonte Colombo «y lo rehizo como al principio».

Probablemente a comienzos del otoño de 1223 se encaminó a Roma para someter su trabajo a la Santa Sede.

Era un acto obligado.

La Iglesia, que debía darle norma definitiva de ley con la autoridad que le viene de Dios, no podía aprobarlo a ojos cerrados, sino que era su obligación examinarlo a la luz de su experiencia secular.

Por testimonio directo del cardenal Hugolino sabemos que él mismo fue propuesto, quizás con otros, para la revisión de la Regla que fue luego confirmada por el Papa con la bula "Solet annuere", firmada en Letrán el 29 de noviembre de 1223.

¿Implicó la revisión eclesiástica algún cambio interno?

No es improbable.

Pero la sustancia no fue modificada en nada, más aún, se veía claramente su identidad con el trabajo hecho por Francisco en Rivotorto y aprobado por Inocencio III.

Lo dice expresamente la citada bula: «Os confirmamos, con la presente, la Regla aprobada por nuestro predecesor el Papa Inocencio, de santa memoria».

Cap. XXII

Cuéntase cómo san Francisco representó en Greccio el Nacimiento del Señor y cómo recibió los sagrados estigmas en el monte Alverna.

La vida del Redentor se compendia toda en los augustos misterios de la Encarnación y la Pasión, y se encierra entre Belén y el Calvario.

Francisco — su copia viva — no podía vivir sino entre esos dos polos.

«Por encima de todo — refiere Celano — ocupaban su memoria la humildad de la Encarnación y la caridad de la Pasión del Señor y no podía volver su mente hacia otra cosa».

También Francisco había venido al mundo en la humildad de un establo, y fue crucificado por la divina fulguración del Alverna. No es difícil comprender, por ello, su devoción a esos dos augustos misterios.

★ ★ ★

Saliendo de Roma después de la aprobación definitiva de la Regla, Francisco tomó la vía Salaria y llegó a Greccio unos quince días antes de Navidad.

El eremitorio de Greccio es otro eremitorio a repecho del margen occidental del valle de Rieti, dado a los frailes por la caridad del conde Juan Velita. Francisco pensó pasar en él la solemnidad inminente y rogó al conde que preparara, en una gruta de la montaña, una representación plástica de la de Belén.

La idea no era nueva para él. Le había sido transmitida por su madre con el relato de su propio nacimiento.

Difundida la noticia, se reunieron frailes de todas partes y una sensación de gran expectativa se propagó entre los habitantes de las aldeas próximas.

Cuando, finalmente, descendió la noche bendita, bosque y

llanura comenzaron a bullir con miles de antorchas encendidas. Parecía como si la oscuridad hubiera sido disipada por la irrupción de un imprevisto resplandor.

Era el pueblo que subía cantando hacia el eremitorio. «A la común algazara hacían eco las rocas». A media noche se cantó la misa y Francisco ofició de diácono.

Después del Evangelio tomó la palabra. Su biógrafo cuenta que «al nombrar a Jesucristo, todo abrasado de inefable amor, lo llamaba el Niño de Belén, y pronunciando el nombre de Belén con un sonido semejante al balido de una oveja, se le llenaba la boca con aquella voz, pero más aún de un afecto dulcísimo».

Por la inmensa muchedumbre que lo escuchaba pasó un estremecimiento de emoción. Y Dios dio pruebas de su complacencia.

«Un hombre de bien tuvo una admirable visión. Veía yacer en el pesebre un infantito muerto y acercarse a él el Santo de Dios y casi despertarlo del letargo del sueño. Y no parecerá inconveniente esa visión, cuando se considere que Jesús Niño yacía completamente olvidado en el corazón de muchos, en los cuales plugo a la gracia divina que fuera resucitado por medio de Francisco e impreso profundamente en su memoria».

Terminado el rito sagrado, la gente volvió a sus casas y la paja, conservada como una rara reliquia, obró muchos milagros, curando a hombres y animales de cualquier enfermedad.

★ ★ ★

En el verano del año siguiente se fue Francisco al monte Alverna para pasar en él la cuaresma en honor del arcángel san Miguel.

Retirarse a lugares solitarios para entregarse a la oración y a la penitencia era en su vida algo habitual.

Sabía muy bien que todo apostolado permanece estéril si de continuo no se lo sostiene con un aumento de vida interior y que la vida activa no tiene razón de ser sino desposada con la contemplativa.

Se recuerdan muchísimos de esos eremitorios santificados

ASÍS: Basílica Superior. GIOTTO: *San Francisco inicia en Greccio l. tradicional costumbre de representar el Nacimiento de Jesús*

por el éxtasis del Poverello y sólo Dios podría contar adecuamente lo que en ellos sucedía.

Algunos de ellos son todavía hoy famosos y meta de devotas peregrinaciones: Las Carceri de Asís, la isla del lago Trasimeno, Fonte Colombo, Greccio, Cetona, Belverde, Celle di Cortona, Monte Casale, Vicalvi y otros más.

El Alverna era uno de tantos, pero los superó a todos por el prodigio en él acontecido.

Es un monte salvaje — el "áspero monte", de Dante — que se eleva hacia el cielo entre el fértil valle del Casentino y la abrupta cordillera apenínica. La cima, además, está formada en sus tres cuartas partes por una roca cortada a pico, que le da aspecto de fortaleza. En lo alto abetos, hayas y fresnos se yerguen sublimes ondeando en lucha continua con vientos y tempestades.

La leyenda lo rodea de una aureloa de misterio.

Las enormes rocas, hendidas transversalmente, dan lugar a una profunda sima, con ingentes bloques suspendidos, que han hecho pensar en el terremoto sobrevenido cuando murió el Salvador.

Cuando el conde Orlando donó el paraje a Francisco, los frailes construyeron en él una pequeña cabaña; después surgieron otras habitaciones que, andando el tiempo, irían multiplicándose por el gran número de contemplativos.

En torno a la fiesta de la santa Cruz estaba Francisco meditando en esa montaña sobre la Pasión de nuestro Señor y, aunque su cuerpo, macerado de dolor, sufría por todas partes, deseaba padecer todavía más, a fin de ensimismarse totalmente con Cristo:

— «Señor Jesús, te pido que arrebates mi mente de todas las cosas de la tierra con la ardiente y dulce fuerza de tu amor, para que yo muera por amor de tu amor, como tú te dignaste morir por amor de mi amor».

Cuando el amor lo invade todo, se concreta en la sangre.

Y Francisco deseaba, a toda costa, dar el testimonio de la sangre.

No habiendo podido lograrlo a través de los hombres, se lo pedía ahora sin cesar a Dios.

De repente una fulguración sobrenatural aumentó la claridad del alba y en su centro incandescente vio Francisco, extático, un Hombre clavado en una cruz.

Dos alas de serafín se cruzaban sobre la cabeza, dos estaban desplegadas para volar, y otras dos se curvaban hacia abajo cubriendo el cuerpo.

Dos sensaciones, igualmente profundas, se apoderaron del alma del Santo ante semejante portento: la de una dicha inefable y la de un dolor lacerante que la traspasaba los miembros.

Dulzura y dolor en tal intensidad eran superiores a lo que las fuerzas físicas podían soportar, y habría desfallecido si la gracia no hubiera sostenido su fragilidad. Acabada la visión, advirtió que de su cuerpo manaba sangre.

Llevaba en él llagas profundas, como si en aquel momento hubiera sufrido el suplicio de la crucifixión. En las palmas de las manos y en el dorso de los pies aparecían excrescencias carnosas como cabezas de clavos y, por la parte opuesta, se veían sus puntas, agudas y retorcidas.

Además, en el costado una ancha herida de labios bermejos derramaba también sangre incesante, que manchaba la ropa y regaba el cuerpo.

Sobre el Alverna abrupto resplandecía el dulce sol otoñal. Una ligera niebla ocultaba el Casentino, pródigo en uvas y frutos de toda clase. La estación que madura los dones de Dios había sucedido a la abrasadora canícula de agosto.

De modo semejante, el fuego de amor, que llameaba como una hoguera en el corazón del Santo, había, al fin, producido el martirio.

Las cinco llagas, impresas en su cuerpo, brillaban como gemas purpúreas.

El Señor te bendiga
y te guarde.
Te muestre su santa
Faz y tenga
misericordia de ti.
Vuelva a ti su rostro
y te dé la paz.
El Señor te bendiga

Cap. XXIII

Se refiere cómo compuso san Francisco el "Cántico de las criaturas" e hizo la paz entre el obispo y el podestá de Asís.

El mandamiento de la caridad tiene dos objetos diferentes, Dios y el hombre: «Amarás al Señor tu Dios con todo tu corazón, con toda tu alma, con todas tus fuerzas, con toda tu mente; y a tu prójimo como a ti mismo».

La "trans-humanización" del Alverna muestra a qué profundidad se había radicado en el corazón de Francisco aquella virtud. En adelante, todo su ser — cuerpo y alma — navegaba a velas desplegadas hacia la eternidad.

Los dos años que le quedaron de vida fueron un lento estilicidio de amor.

Su cuerpo se deshacía, consumado no tanto por la fuerza de la enfermedad, cuanto por un fuego interior que lo devoraba.

«¿Qué hay para mí en el cielo y qué he deseado de Ti sobre la tierra? Mi cuerpo y mi alma están desfallecidos, Dios de mi corazón y mi herencia perdurable».

La nostalgia humana tiene tonos menos patéticos.

Del amor de Dios brota lógicamente el del prójimo. Quien ama a la Cabeza tiene que amar a los miembros. Y este amor pareció multiplicarse en los últimos días de Francisco.

No pudiendo caminar, se hacía llevar de un sitio a otro sobre una cabalgadura que los fieles le ofrecían.

«Visitaba — cuenta Celano — al menos cuatro o cinco localidades en un solo día» y san Buenaventura añade que el ardor de su caridad era tan fuerte que «quería servir a los leprosos como al principio de su conversión».

Pero las fuerzas físicas no secundaban ya tal ardor. Si el alma deliraba de locura divina, la carne se sentía atormentada de muerte.

Intervino fray Elías con toda su autoridad de Vicario General para inducirlo a descansar: era muy importante la vida del Padre.

De acuerdo con el obispo Guido, el Santo fue alojado en una sala del palacio episcopal, donde eran mejores las posibilidades de curación y había un abrigo seguro contra el frío del inverino.

Para crear mejor ambiente de recogimiento, dentro de ella se dispuso una celdilla hecha con pleitas de cañizo, en cuyo interior podría orar y reposar un poco cuando los dolores de la enfermedad se hicieran sentir menos. Y ya que sus pobres ojos no podían tolerar la luz, los mismos frailes le cosieron en la parte delantera del capucho una pieza de lana que, produciendo alguna oscuridad, permitiese descansar a las pupilas doloridas.

El amor filial les espoleaba con frecuencia a aconsejarle que comiera algo para mantener sus fuerzas, pero sus palabras chocaban casi siempre con la debilidad física del paciente.

Una vez que se lo pedían con más insistencia, Francisco respondió:

— Hijos míos, no tengo gana de nada, pero si hubiera a mano una ración de pez escualo, quizás lo comería.

¡Qué contrariedad! Pues, ¿dónde hallarlo? El invierno, con sus nieves y ventiscas, impediría cualquier intento de dar con tal clase de pescado.

Y, sin embargo, una vez más Dios se cuidó de quien ponía sólo en El su confianza. Apenas hubo Francisco manifestado su deseo, «apareció un hombre con una canasta en la que traía tres grandes lucios bien aderezados y una torta de cangrejos».

Tanta prontitud de parte de la Providencia conmovió el corazón de Francisco hasta hacerle verter lágrimas.

★ ★ ★

Pero no por ello se hizo la cruz menos pesada: más bien se tornó tan insoportable, que el natural de Francisco se habría derrumbado si la gracia no lo hubiera socorrido una vez más.

Una noche, no pudiendo aguantar más, dirigió a Dios una plegaria transida de dolor:

ASÍS: Basílica Superior. GIOTTO: *Francisco recibe las llagas en Alverna*

— Señor, date prisa en ayudarme, para que halle la fuerza de sobrellevar con paciencia esta enfermedad.

— Francisco — le fue contestado — si a cambio de esta enfermedad alguien te regalase un tesoro tan grande que te hiciera reputar barro todos los bienes de la tierra, dime, ¿ no serías feliz?

— Sí, por cierto, Señor.

— Alégrate, por tanto, hermano; salta de júbilo por tus enfermedades, pues puedes estar tan en paz como si ya estuvieras en mi reino.

A la mañana siguiente el sol se alzó triunfante y su luz, refractándose en la nieve, se multiplicaba desmesuradamente, como un río divino que se derramara sobre la tierra.

Francisco, con el corazón estremecido por la promesa divina, estalló en un canto de alegría:

Altísimo, omnipotente, buen Señor...

Nacía así el "Cántico del hermano Sol" y con él la primera flor de la literatura italiana.

La composición, llegada hasta nosotros, expresa líricamente el sueño del Santo anheloso de una restauración de toda la creación en Dios.

El mundo, como en él se describe, tiene poco que ver con el actual. Es el encanto de la belleza primordial, apenas salida de las manos del Artífice divino, cuando todavía el pecado no había roto el equilibrio de las cosas. Se siente la emoción de Adán, al abrir por primera vez la vista sobre el mundo joven, todo orden y armonía, todo pálpito y cantos.

Está lejos la sensación de rebelión, el signo del pecado original sobre las cosas.

Fray sol «es bello, radiante, con grande resplandor»; sor luna y las estrellas son "claras y preciosas y bellas"; fray viento y todas las alteraciones atmosféricas son signos maternos de la Providencia para, con ella «dar sustento a las criaturas»; sor agua «es muy útil y humilde, preciosa y casta»; fray fuego, «que ilumina la noche, es bello, jocundo, robusto y fuerte»; la tierra es una madre amororosa que «nos sustenta y gobierna» produciendo «diversos frutos con coloreadas flores y hierbas».

Esa visión de armonía restablecida es la misma que fulgura a veces en la realidad durante la vida del Santo, cuando las cria-

EL CÁNTICO DE LAS CRÍATURAS

Altisimo, omnipotente, buen Señor,
  tuyos son los loores, la gloria y el honor
  y toda bendición.
A Ti sólo Altísimo convienen
  y ningún hombre es digno de hacer de Ti
  mención.
Loado seas, mi Señor, con todas tus criaturas
  especialmente por mi señor el hermano Sol
  por el cual haces el día y nos das la luz;
  él es bello y radiante, con grande esplendor:
  de Ti, Altísimo. lleva significación.
Loado seas, mi Señor, por la hermana Luna y las Estrellas:
  en el cielo las has formado claras y preciosas y bellas.
Loado seas, mi Señor, por el hermano Viento
  y por el aire y nublado y sereno y todo tiempo,
  por el cual, a tus criaturas, das sustentamiento.
Loado sesas, mi Señor, por la hermana Agua,
  la cual es muy útil y humilde y preciosa y casta.
Loado seas, mi Señor, por la hermano Fuego
  con el cual alumbras la noche;
  y es bello y jocundo y robusto y fuerte.
Loado seas, mi Señor, por nuestra hermana madre Tierra,
  la cual nos sustenta y gobierna
  y produce diversos frutos, con coloridas flores y hierbas.
Loado seas, mi Señor, por quienes perdonan
  por tu Amor
  y soportan
  enfemedad y tribulación;
  bienaventurados los que las sufren en paz
  pues de Ti, Altísimo, coronados serán.
Loado seas, mi Señor, por nuestra hermana
Muerte corporal,
  de la cual ningún hombre viviente puede escapar.
  Ay de aquellos que mueran en pecado mortal;
  bienaventurados aquellos que acertaren
  a cumplir tu santa voluntad,
  pues la muerte segunda no les hará mal.
Load y bendecid a mi Señor
  y dadle gracias y servirle
  con gran humildad.

S. FRANCISCO DE ASIS

turas irracionales, olvidando su condición y ferocidad, acudían a Francisco como para conversar con él.

Aunque el "Cántido del hermano Sol" tenía un valor universal, en el que cualquier ser humano puede encontrar el camino que lo reconduce al Creador, Francisco compuso también, en aquelos días, otra lauda, que dedicó a las pobres reclusas de San Damián, porque su condición femenina exigía algo más afectivo y connatural con su vocación de vírgenes.

Desgraciadamente, su texto no nos ha llegado, pero, en parte, conocemos su contenido.

Cantaba el Santo en esa lauda la excelencia del ideal monástico, la belleza de una existencia vivida en pobreza, castidad y obediencia, desatada de las trabas que la ligan a la tierra, y toda en tensión hacia Dios.

Si se piensa que en la vida del Santo de Asís (como, por lo demás, en la de todo Santo) esto no es bagaje retórico, o repetición de lugares comunes, sino un motivo fundamental de su vida y santidad — y, por ello, Francisco lo puso en el primer capítulo de su Regla — la pérdida de esta lauda debe lamentarse de verdad, porque con ella hemos quizás perdido uno de los documentos más significativos del alma del Santo, tanto más precioso cuanto que también estaba escrito en el ingenuo vulgar del Cántico.

★ ★ ★

Durante su permanencia en el palacio episcopal de Asís, Francisco se percató de que, entre el Obispo y el Podestá, no mediaban buenas relaciones. Berlingerio, por haber infringido el decreto de Honorio III, que prohibía reanimar la vieja querella entre "Mayores" y "Menores", había provocado el entredicho del Obispo, junto con la ciudad. Como respuesta, el Podestá hizo publicar a los pregoneros del Ayuntamiento una orden que prohibía a los asisienses comprar o vender cosa alguna al prelado.

Francisco, hondamente afectado, llamó a fray León, a fray

Rufino, fray Angel y fray Maseo, sus hijos más queridos, y les dijo:

— Gran vergüenza es para nosotros, siervos de Dios, que el Obispo y el Podestá se profesen tal odio y que nadie se haga mediador de la paz.

Dicho eso, se recogió en sí mismo, y una ola de poesía brotó nuevamente de su corazón: era la estrofa del perdón, que debía ser añadida al Cántico.

— Id — dijo después — a los dos contendientes y a los prohombres de la ciudad, al clero y al pueblo todo, e invitadles a venir al obispado.

¿Quién podía permitirse no acudir? No era él quien lo pedía, sino Cristo, viviente en su carne.

Muy pronto la amplia plaza rebosaba de gente; cuando, cesado el murmullo, el silencio vibró de expectación, fray León y fray Angel entonaron el Cántico, acentuando con voz más llena las nuevas palabras sobre el perdón.

Como por encanto, se desataron los corazones de las marañas del odio y la pacificación fue un hecho, sellándola, incluso exteriormente, con el abrazo fraterno y el beso que se dieron las dos autoridades.

Cap. XXIV

Se cuenta cómo sostuvo san Francisco la operación de los ojos sin perder la calma y cómo volvió definitivamente a Asís antes de morir.

El largo descanso de Asís no aportó alivio alguno a la salud de Francisco: la enfermedad de los ojos, sobre todo, lo atormentaba horriblemente.

No obstante su resistencia, fray Elías y el cardenal Hugolino le obligaron a ir a Rieti para ser curado por uno de los especialistas de la corte pontificia, cuya valía era reconocida universalmente.

Allí llegó en el verano de 1225 y fue acogido en el obispado con veneración y afecto: todos los dignatarios de la corte rivalizaban por visitarlo, y no se ahorró remedio para aliviar sus sufrimientos.

Pero fue inútil: parecía que el mal, como una planta maligna, se hubiera enraizado de forma inextirpable en las pobres carnes de Francisco.

— Hermano — dijo un día al frailecillo que lo asistía y que en el mundo se había distinguido como tocador de laúd — hermano, quisiera que, en secreto, te procurases un instrumento y que, extrayendo de él alguna modesta armonía, procurases algún alivio a mi pobre hermano cuerpo, que está lleno de dolores.

— Me avergüenzo no poco, padre — respondió el hermano — por temor a que los hombres me tachen de ligero.

— Si es así, dejémoslo estar, hermano. Está bien privarse del gusto, si esto habría de escandalizar.

Pero durante la noche sucesiva el Señor le concedió lo que los hombres le habían negado.

Mientras reinaba el silencio más absoluto, se elevó en el aire un dulcísimo sonido de cítara, y una onda melodiosa inundó la pequeña estancia para confortar el corazón del Santo. A veces se atenuaba, como un hilo de agua escondido entre guijarros, y a trechos volvía a elevarse impetuosamente con la sonoridad de un coro polifónico.

Arrebatada por aquel hechizo irresistible, el alma del Santo volaba de cielo en cielo hacia la encendida esfera de los bienaventurados.

La esperanza de salvarlo indujo a fray Elías a someterlo, como último intento, a una operación dolorosísima por mano del mismo médico que lo estaba curando: la cauterización del rostro, según ciertos descubrimientos de la cirugía de la época.

Francisco conocía la nueva tortura; sin embargo, la aceptó como otra prueba de amor que ofrecer a Cristo crucificado, pidiendo sólo que se ejecutase en la soledad de Fonte Colombo. Allá arriba, en el silencio augusto que lo rodeaba, habría sentido mejor el consuelo de la presencia de Dios y su sacrificio le sería más agradable a El.

Cuando los frailes vieron los hierros al rojo vivo, huyeron aterrados, y ni siquiera el Santo pudo contener un movimiento de pavor.

— ¡ Mi hermano fuego, noble y útil más que las otras criaturas, séme cortés en esta hora por el afecto que te he tenido y tendré por amor a Aquel que te ha creado!

Dicho eso, ofreció el rostro al cirujano.

El hierro penetró en la mandíbula y subió por la mejilla buscando las venas. Crepitaba la carne y un humillo acre se difundía alrededor.

Sangre, sangre, sangre... La herida de los hombres era más atroz que la de Dios.

Cuando volvieron los hermanos, un surco sanguinolento marcaba la cara de Francisco, y, sin embargo, la sonrisa aleteaba aun sobre sus labios:

— ¡ Gente de pusilánime corazón y de poca fe! ¿ Por qué habéis huido? En verdad os digo que no he sentido ni dolor alguno, ni calor del fuego, de manera que, si la carne no está bien quemada, quémese aun mejor.

Después de la operación, mil ojos se posaron sobre el Santo, con la ilusión de que su salud refloreciese, realizándose el milagro que todos deseaban.

Pero muy pronto desapareció toda esperanza, como palidece el rayo de sol que casualmente encuentra una cortina de nubes.

Había llegado, entretanto, el invierno de 1225-26, y a los habituales sufrimientos se unieron los del frío. Urgía, por ello, buscarle un lugar donde la estación invernal fuera menos rigurosa.

Se decía que en Siena había un oculista famoso.

Siendo tan preciosa la vida del Padre, no estaría de más otro intento de curarle. ¡ Quién sabía si no se lograría!

Hay plantas que, antes de dar fruto, requieren una infinita paciencia y un trabajo sin desánimo: ¿ no podría ocurrir con la salud del Santo algo similar? Añádase que en Siena encontraría un aire más suave y manos más hábiles. Todo podría ser de provecho.

Mas la decisión final debía asumirla el Vicario General.

¡ Cuántos desvelos se toman los hombres! ¿ Vale acaso la pena? La enfermedad es una señal de Dios, y resulta inútil confiar en medios humanos. Aquel que la da puede quitarla o dejarla: mejor, por tanto, reposar en su voluntad.

Tenía razón. De nada sirvieron en Siena la suavidad del clima y la pericia del médico para aliviarle lo más mínimo. El paciente se derrumbaba a ojos vistas.

Un vómito de sangre avisó a fray Elías que su fin no podía distar y que era preciso tomar las providencias del caso.

El Santo quería morir en Asís, y había que darle gusto; tanto más que sus paisanos no estaban dispuestos a verse privados de sus reliquias: como buen asisiense, también fray Elías se preocupó de cumplir ese deseo.

La pequeña comitiva se puso en camino a mediados de abril, avanzando más bien con lentitud, a fin de que el movimiento de la cabalgadura no aumentara las dolencias de Francisco.

En Celle di Cortona fue forzoso detenerse, porque el mal se agravó tanto que se temió pudiera morir en el camino.

Después de algún descanso y de reponerse un poco el enfermo, continuaron el viaje.

Habría sido fácil llegar a Asís siguiendo el camino que serpea por la orilla del Trasimeno y sube hacia Magione, pero Perusa y Asís se debatían una vez más en fiera lucha, y las rivalidades interceptaban el paso.

Fue necesario desviarse, trazando un amplio semicírculo: de Cortona a Gubbio, de Gubbio a Nocera, y de Nocera a Asís.

Las nuevas de la llegada del Santo, difundidas con rapidez en su ciudad natal, suscitaron una ola de conmoción en el pueblo.

El Ayuntamiento mandó a su encuentro una escuadrón de caballeros con alabardas para que lo escoltaran en la última parte del trayecto. Su encuentro con la pequeña comitiva ocurrió a medio camino, junto al castillo de Sartriano.

Francisco apenas lo advirtió.

Tras su larga marcha, los caballeros de Asís sintieron hambre y se dispersaron por los caseríos para comprar algo de comer: pero en todas partes hallaron hostilidad y rechazo. Sus modales llenos de soberbia y arrogancia les hicieron sospechosos ante los campesinos, que se encerraron en sus casas.

Decepcionados e inquietos, los cavalleros recurrieron al Santo.

— ¡Hombres de poca fe! — les dijo éste: No habéis hallado nada porque habéis confiado en las "moscas" de vuestro dinero y no en Dios. Volved a esas mismas casas y pedid de limosna en el nombre del Señor y os darán de todo en abundancia.

Hicieron como Francisco les dijo y, conforme a lo prometido obtuvieron gratuitamente cuanto habían buscado, sin conseguirlo, con su dinero.

La entrada en Asís fue triunfal.

Se repitió casi a la letra la escena evangélica de la entrada de Jesús en Jerusalén el Domingo de Ramos. La gente acudía de todas direcciones, apiñándose a lo largo de la calle para aclamarlo, ondeando ramos de olivo.

¡Qué lejos quedaba el tiempo en que aquella misma multitud lo había tenido por loco, insultándolo y apedreándolo!

★ ★ ★

Una vez más fue Francisco huésped del obispo Guido en su palacio.

La primavera avanzaba lujuriante en la llanura del valle, y era todo un efluvio de aromas, un palpitar de flores y verdor, un chirriar de alondras y otros pájaros, una marea de trigales cantando al Señor. Verdaderamente Francisco había dado en el blanco, cuando dijo no haber visto jamás nada tan alegre como su valle espoletano.

Sus ojos enfermos no percibían ya nada, pero sentía en torno a sí el milagro de belleza regalado por Dios a los hombres para regocijo de sus almas.

De recuerdo en recuerdo se remontó a una lejana primavera, cuando había salido de aquel mismo palacio, después de renunciar a las cosas de la tierra, hacia la conquista del mundo, alegre como un juglar.

¿ Cuál sería su próximo itinerario?

Estaba seguro de que ya no se movería de allí, sino para ir al encuentro de la hermana muerte, que le abriría las puertas de la eternidad.

Cap. XXV

Se refieren los últimos días de la vida de san Francisco y cómo ocurrió su dichoso tránsito.

«La muerte de los justos es preciosa a los ojos del Señor». Es el final de una larga batalla combatida victoriosamente, el premio codiciado y conseguido al precio de sacrificios inenarrables.

Esa es la razón del por qué Francisco cantaba aun en medio de sus sufrimientos. Se sentía como ave migratoria cuando el soplo de la primavera, que reverdece los campos y perfuma el aire, la llama de nuevo a nidificar y gorjear.

Los frailes que lo atendían se impresionaron por ello y corrieron a contarlo a fray Elías. ¿Tanta alegría no podía parecer excesiva y fuera de lugar? ¿No podría tachársela de presunción ante la severidad de la muerte?

El Vicario se lo expuso delicadamente al querido enfermo, que no se ofendió. Los hombres eran demasiado mezquinos para entenderlo:

— Déjame, hermano, que me alegre en el Señor y en sus alabanzas y en mis enferdades, pues por la gracia del Espíritu Santo yo me siento de tal modo unido a mi Dios que por su misericordia bien puedo alegrarme en el Altísimo.

El verano había pasado y se anunciaba un otoño templado y suave.

Todavía otro médico quiso visitar al paciente. El Santo lo miró fijamente al rostro y le preguntó:

— ¡Hermano doctor!, ¿qué me dices de mi hermano cuerpo?

— Que, con la ayuda de Dios, Padre, recuperará la salud.

Era la habitual mentira piadosa, con que se trata de ilusionar con falsas esperanzas los últimos instantes del hombre. Piedad necia — las más de las veces — que impide al moribundo prepararse para el gran paso.

Naturalmente, no hizo mella en el alma del Santo:

— Te ruego que me digas la verdad, Benbegnate, pues ya no soy un pollito.

— Padre — repuso entonces el galeno con franqueza — según la ciencia, tu enfermedad es incurable, y creo que morirás a fines de septiembre o comienzos de octubre.

— Si es así, ¡ bienvenida sea la hermana muerte! — concluyó el Santo, rebosando de alegría.

Faltaba la última estrofa al "Cántico". Francisco se la dictó a fray León y a fray Angel, y éstos se la repitieron cantando:

«Alabado seas, mi Señor, por nuestra hermana muerte corporal...».

Con eso su jornada estaba virtualmente concluida. El encuentro con la libertadora no podía estar lejos.

Los frailes se arrodillaron en torno suyo: Bernardo de Quintavalle — el primogénito, se puso a su derecha, y fray Elías, Vicario General, a su izquierda.

Como había hecho un día el patriarca Jacob, Francisco cruzó los brazos y preguntó sobre quién tenía la derecha.

— Sobre fray Elías — le respondieron.

— Es justamente lo que yo deseo.

Después, elevando los ojos enfermos a lo alto, exclamó:

— A ti, hijo, te bendigo en todo y por todo, como puedo y más que puedo, y lo que yo no puedo hágalo en ti el que lo puede todo...

Y, volviéndose a los demás, añadió:

— ¡ Adiós, hijos míos todos, vivid en el temor de Dios y permaneced siempre en El...

Un silencio profundo sobrecogió a los circunstantes, cortado de cuando en cuando por sollozos mal reprimidos.

★ ★ ★

Pero no era todavía el fin. Un perfecto caballero no puede morir burguésmente en una estancia de palacio. Su alma debe retornar a Dios en la libertad del espacio.

Así, también Francisco.

Con el permiso del Obispo y del Podestá se hizo llevar a la Porciúncula, donde, en el silencio de la humilde cabaña, podría

ÍS: Museo Municipal. SERMEI: *San Francisco bendice a su ciudad*
al

aún sentir los trinos de los pájaros y el rumor de las hojas.

A medio camino pidió que se detuvieran.

El panorama de Asís se desplegaba ante él y, si bien sus ojos enfermos no podía verlo, con el espíritu acariciaba sus contornos.

Asís, patria feliz, ciudad escogida de la Providencia por un designio de amor...

«Bendita seas de Dios, porque por tu medio se salvarán muchas almas, y muchos serán los siervos del Altísimo que, habitando dentro de tus muros, serán elegidos para el reino eterno».

Era la despedida del Santo, mientras los presentes se deshacían en lágrimas.

En la Porciúncula dio comienzo el tránsito bienaventurado.

Para los hijos que dejaba huérfanos dictó un testamento que, en su ausencia, debería servirles de viático espiritual en las tormentas de la vida y de fuente cristalina donde hallar fuerza y ayuda para las ascensiones del espíritu.

A Clara y a las reclusas de San Damián, que se derretían en llanto, les envió una bendición y una breve exhortación de fidelidad a la regla, prometiéndoles que, en breve, lo verían.

Al hermano cuerpo, al que tan duramente había castigado, le pidió paz y perdón.

Luego, su pensamiento voló lejos. En la Ciudad Eterna estaba Jacoba, la mujer perfecta, la huéspeda piadosa que lo había acogido tantas veces en su casa.

Francisco quería verla antes de morir y suplicó a un hermano que le escribiera una carta. Pero al momento sintieron llamar a la puerta: era ella, con sus dos hijos aun niños, que había sido avisada por Dios de modo misterioso...

El corazón del Santo se conmovió y permitió que Jacoba lo asistiese en aquellos instantes, como Cristo había permitido a las piadosas mujeres estar presentes a su muerte y cuidar de su cadáver.

Con intuición maternal, la ilustre romana había traído consigo un dulce muy exquisito y se lo ofreció al Santo para que lo comiese, pero aquella boca que había masticado la ceniza, no pudo deglutirlo.

El último rasgo caballeresco fallaba, no obstante el esfuer-

ASÍS: Basílica Superior. GIOTTO: *Muerte de San Francisco*

zo de la voluntad, ante la debilidad de la carne.

En el reloj divino la gran hora estaba para sonar.

El Santo pensó en Cristo moribundo en la cruz y quiso imitarlo.

Se hizo desnudar y deponer sobre la fría tierra en la extrema profesión de la pobreza. Si volvió a vestirse, fue sólo porque el Vicario se lo mandó en virtud de santa obediencia, prestándole una túnica usada.

★ ★ ★

Viernes, 2 de octubre. Francisco perdió la noción del tiempo.

Creyendo que aún fuera jueves, se hizo leer un pasaje de la Pasión del Señor, luego bendijo el pan y lo distribuyó a los presentes en recuerdo de la última cena.

El resto de aquel día y parte del siguiente lo pasó en éxtasis ininterrumpido.

La tarde del sábado, 3 de octubre, llegó finalmente la muerte.

El sol se ponía, entre fulgores de gloria, detrás del monte Amiata, transfigurando el cauce tortuoso del Tescio en una avenida de plata. Se mecían las hojas de los árboles y una sensación de paz se difundía por la vasta llanura absorta en tensa espectación.

Francisco entonó el salmo 141:

— Con mi voz grité al Señor,
con grande voz le he pedido ayuda.

Dentro de sí veía en aquel momento reencenderse una lucha que creía, de mucho tiempo atrás, extinguida para siempre. El temor a la muerte se reavivó de pronto, y experimentó toda su repugnancia. Aquel desmoronarse de la carne, que en el pasado había deseado y ayudado, le parecía ahora cosa terrible y anonadante.

Por su parte, el demonio ponía en acción todas sus artes para inducirlo a la desesperación, haciéndole parecer inútiles cuantos sufrimientos había padecido, el bien realizado, los méritos adquiridos, sus frecuentes y sensibles contactos con Dios;

y, con la pertinacia de su maligna voluntad, insistía para pulverizar toda resistencia.

Francisco gemía penosamente:

— A ti, Señor, lanzo mi grito,
en ti confía mi alma.
Digo: Tú eres mi esperanza,
mi parte en la tierra de los vivientes.
Sálvame de mis perseguidores,
que son más fuertes que yo.

La tentación se desvaneció tan de improviso como había venido.

El espectáculo de la muerte se transformó en la visión de una hermana liberadora y beatificante y en la consideración de la necesidad de recorrer el mismo camino andado por Cristo para subir a la gloria del Padre.

Desde aquel momento la paz invadió su alma y se sintió transportado a una región sublime, adonde no llegaba el tormento de las cosas de la tierra. Parecíale marchar por un sendero florido hacia una claridad que se tornaba más radiante a cada paso.

En el estertor de la agonía emitió sus últimas palabras:

Libra, Señor, mi alma de la cárcel,
para que yo dé gracias a tu nombre.
Los santos me esperan
para la justa retribución.

En aquel instante su corazón dejó de latir. Dios había acogido su última súplica.

De pronto un largo batir de alas alegró el crepúsculo: las alondras habían descendido a cantar en torno a la celda del Santo, mientras las primeras estrellas moteaban el azul impoluto de la noche.

Cap. XXVI

Se cuenta cómo san Francisco fue enterrado en la iglesia de San Jorge y dos años después fue canonizado por Gregorio IX.

La separación del Padre repercutió dolorosamente en el corazón de los hijos. Aunque enseñados a tender al cielo de continuo, tenían, sin embargo, también ellos naturaleza humana y no podían desconocer el llanto.

Recogidos en torno a los restos exánimes lloraron toda la noche como huérfanos.

Pero tampoco les faltaron motivos de consuelo.

El cuerpo del Santo, de color moreno en vida, «tomó después un aspecto bellísimo, esplendente de una blancura que daba gusto mirar. Sus miembros, que antes eran rígidos, se volvieron blandos, doblándose a voluntad, como los de un tierno infante.

... Sus manos y pies estaban como atravesados de parte a parte por las puntas de los clavos, mostrando las cicatrices y el color de éstos; y su costado apareció herido de lanza, goteando sangre con frecuencia».

El alma había volado al cielo. Rota la arcilla que la limitaba en el espacio:

> «volvióse espiritual belleza inmensa
> que en el cielo dispensa
> luz de amor...».

Aquella misma tarde repicaron todas las campanas de Asís y el acontecimiento se transmitió de boca en boca con la rapidez del relámpago.

Los asisienses se precipitaron en masa hacia la Porciúncula para venerar el cuerpo de Santo y las autoridades destacaron un piquete de soldados armados para defenderlo de una piedad indiscreta.

A la mañana siguiente fue llevado dentro de los muros de

ASÍS: Basílica Superior. GIOTTO: *Santa Clara da su póstumo saludo a San Francisco*

la ciudad. Clero, autoridades, funcionarios y pueblo formaban un largo cortejo, que ascendía entre cantos y plegarias, gritos y ondear de ramos, hacia la puerta oriental de Asís.

En San Damián se detuvo el cortejo. Clara y sus hijas tenían derechos más que sobrados para ver al Padre por vez postrera.

El llanto que se levantó conmovía hasta las piedras. Era un plañir de mujeres, buenas conocedoras del amor, un llanto de vírgenes por el hombre a quien habían seguido con entrega absoluta, atraídas de su ejemplo y fascinación. Tristeza tan profunda contrastaba con el aire de fiesta de la muchedumbre en aquella dulce mañana dominical.

Después de un último, supremo adiós de las clarisas, se continuó la marcha lentamente.

Los funerales se celebraron en la iglesia de San Jorge, luego se depuso el cadáver en una maciza urna de piedra, cuya superficie estaba cerrada por una reja muy estrecha que, a su vez, quedó asegurada a la urna mediante una fuerte envoltura de hierro.

Finalmente, el sagrado depósito fue hundido bajo el altar de la iglesia.

★ ★ ★

Sobre aquella tumba comenzó a florecer el milagro.

Ciegos, cojos, sordos, paralíticos y afectados de cualquier enfermedad recuperaban la salud del cuerpo y las almas encontraban la luz de la fe y la fuerza para una renovación interior, más conforme al evangelio.

En el mundo entero se cantaba la santidad de Francisco. Sólo faltaba que la Iglesia pusiera su sello en ella, decretándole el honor de los altares.

El día 19 de marzo de 1227 sucedía al anciano y piadoso Honorio III, en el trono pontificio, el cardenal Hugolino, de los condes de Segni, con el nombre de Gregorio IX.

Había sido el amigo y consejero del Santo, el cardenal protector de la Orden Minorítica, el que mejor que otro alguno había entendido y ayudado el movimiento franciscano.

A él le reservaba la Providencia el magno honor de canonizar a Francisco.

Una rebelión instigada por Federico II lo había obligado a bandonar la Ciudad Eterna y refugiarse en la Umbría.

A través de Rieti y Espoleto llegó a Asís a comienzos de 1228. Después de visitadas las pobres reclusas de San Damián, subió a la iglesia de San Jorge, postrándose en veneración ante la tumba de Francisco. «Allí — anota Celano — prorrumpió en suspiros, se golpeó el pecho llorando e inclinó la frente con gran devoción».

Impelido después por su gran deseo y el de toda la cristiandad, aceleró el proceso de canonización, destinando para él una comisión de cardenales.

Se discutió y verificó históricamente una cuarentena de milagros, pero a todos les parecían superfluos. «¿ Qué necesidad tiene — decían — del testimonio de milagros la gran santidad de este hombre santísimo, que hemos visto con nuestros ojos, tocado con nuestras manos y que está cimentada en la piedra de la verdad?».

Sólo restaba, por tanto, proceder al gran rito.

El 16 de julio de 1228, Gregorio IX, trasladándose de Perusa a Asís, inscribió solemnemente el nombre de Francisco en el álbum de los santos durante el pontifical que, en su honor, celebró en la plaza de San Jorge.

Cap. XXVII

Nárrase cómo se construyó en Asís, en honor de san Francisco, la doble basílica sobre la "Colina del Paraíso" y fue a ella trasladado su cuerpo estigmatizado.

La desaparción del Fundador había dejado a su Vicario en la mayor consternación.

En aquellos momentos probaba qué enorme era la responsabilidad del cargo supremo en la Orden.

Todos volvían ahora sus ojos hacia él.

En ese estado de ánimo escribió una nobilísima carta a los ministros provinciales para anunciarles el tránsito del Padre. Este documento, que ha llegado a nosotros, es un testimonio del muncho amor que profesaba al Santo, que lo había elegido «madre suya y padre de todos sus hijos».

La prosa de Elías vibra de emoción cuando revela al mundo el prodigio de los sagrados estigmas y, bajo la florida retórica de la época, se percibe la alegría de haber sido reputado digno de admirar el sello de Dios en el cuerpo de Francisco.

El amor tenía ahora que concretizarse en piedra. Había que erigir un templo que cantase por los siglos la gloria del Santo de Asís.

Una entrevista con el papa Gregorio fue su primer fundamento.

Los dos hombres, que como nadie se habían aproximado y comprendido al Poverello, se entendieron perfectamente, y el Sumo Pontífice lanzó una llamada a toda la cristiandad para que cooperase con ofertas en dinero.

El 29 de marzo de 1228 un noble de Asís, un cierto Simón de Pucciarello, donó a Gregorio IX la cima de la colina occidental de la ciudad, designada con el nombre tremebundo de "Collado del Infierno".

Decíase que justamente en él eran ajusticiados los malhechores, y que el Santo, en su humildad, la hubiera señalado, antes de morir, para lugar de su sepultura.

Gregorio IX aceptó la donación por medio de fray Elías, pero al colocar la primera piedra del futuro templo, cambió el nombre maldito con otro de bendición, llamando al sitio **"Colina del Paraíso"**.

El dorso rocoso se pobló inmediatamente de obreros al mando de fray Elías, presente a diario para dirigir y disciplinar los trabajos.

En la primavera de 1230 se ultimaba la iglesia inferior.

Las grandes arcadas románicas apoyadas sobre pilastras macizas y las bóvedas que se curvan como en oración iban creando un ambiente muy sugestivo.

Allí se respiraba la sensación de la pobreza y del recogimiento, el tono sumiso de la humillación ante la grandeza del Señor.

Era la primera iglesia inspirada por el franciscanismo, la más adecuada para conservar el cuerpo del Fundador.

El 25 de mayo, vigilia de Pentecostés, tuvo lugar su traslado solemne, en medio de una procesión memorable en la que participaron miles de peregrinos venidos de todas partes.

Durante el recorrido de un extremo al otro de la ciudad, el Señor obró muchos milagros por intercesión del Santo Poverello.

Terminada la celebración, prosiguieron los trabajos.

Sobre la iglesia inferior se edificó una segunda, alta y esbelta como una flor abierta con el calor del sol.

Haces de sutiles columnas, arcadas góticas que salen de sus bases como rayos multicolores, ventanales historiados, muros repletos de frescos, bóvedas amplias y estrelladas como cielos de primavera... dieron al templo la ilusión de la gloria celeste, de la que en el Paraíso circundaba al "Esposo de Dama Pobreza".

En la tierra se había tenido Francisco por el más vil gusano, había pisoteado riquezas y honores, se había lanzado por un camino que muchos tachaban de locura.

Sin embargo, ese era el camino verdadero.

Ahora todo el amor, todo el honor, toda la gloria y belleza

reverberaban en él, convirtiéndose en luz, color, canto, gemido y oración.

★ ★ ★

Después de la muerte, Francisco está más vivo que nunca.

A la colina del Paraíso han subido y siguen subiendo todos los peregrinos del mundo.

La luz que emana de su tumba bendita es un reclamo continuo para los hombres extraviados en el laberinto de las pasiones y torturados de una sed insaciada de felicidad.

La paz y el bien existen solamente en Dios.

Parece ver erguirse todavía la imagen atormentada del Santo de Asís, en un nimbo de luz, sobre los pináculos de su basílica, tender al mundo sus manos estigmatizadas y repetir a todas las criaturas lo que decía continuamente a los suyos:

> Queridísimos hermanos,
> hijos míos eternamente benditos:
> escuchadme,
> escuchad la voz de vuestro Padre:
> grandes cosas prometimos,
> pero mayores nos han sido prometidas;
> observemos aquéllas,
> suspiremos por éstas;
> breve es el placer,
> eterna la pena;
> breve el dolor,
> infinita la gloria;
> muchos son los llamados,
> pocos los elegidos;
> todos tendrán su merecido.
> Hermanos, mientras tenemos tiempo
> obremos el bien.

ASÍS: Basílica de San Francisco. *Original sepulcro que custodia los restos mortales de San Francisco*

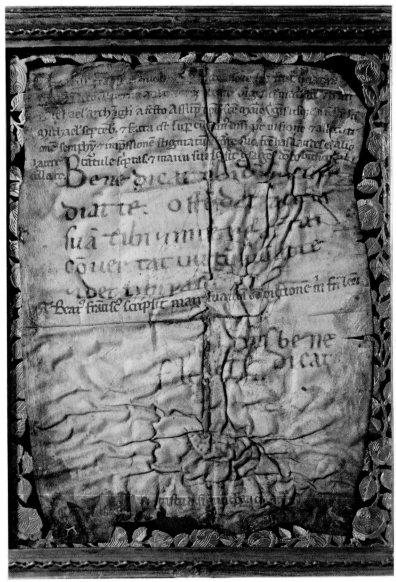

ASÍS: Basílica Inferior. *Bedición autógrafa de San Francisco a Fray León*

INDICE